Commer/Witte

Bonner Provokationen

Heinz Commer
Barthold C. Witte (Hrsg.)

Bonner Provokationen

Hintergründe und Praxis moderner Politik und Wirtschaft

Wirtschaftsverlag Langen-Müller/Herbig

Albert Langen · Georg Müller Verlag GmbH, München

Schutzumschlag: Christel Aumann, München
Satz + Druck: Jos. C. Huber KG, Dießen
Buchbinder: Thomas Buchbinderei, Augsburg
Printed in Germany
ISBN: 3-7844-7118-8

Allen Förderern, Rednern und Teilnehmern sowie allen Freunden des Bonner Gesprächskreises (1967–1982) im Jahre unseres 15-jährigen Da- und So-seins.

Inhalt

Bonner Seitenblicke:

Bonner Aufblicke:

Bonner Rückblicke:

Statt eines Vorworts

Das wievielte Buch über Bonn? Nein, haben wir den so kritisch fragenden Freunden geantwortet, wir planen ein Buch aus Bonn. Darin soll ein Kreis von Leuten Bilanz ziehen, die sich seit fünfzehn Jahren einmal im Monat zum »Bonner Gesprächskreis« treffen und die vorhaben, das auch weiter zu tun. Mancher lebt inzwischen woanders, einige Autoren waren als Redner geladen und gaben uns ihr Manuskript, etliche haben es im Lauf der Zeit ziemlich weit gebracht, in Bonn oder anderswo.
Der »Bonner Gesprächskreis«, für den wir dieses handliche Buch gemacht haben, ist eine merkwürdige, ja erstaunliche Sache. Es gibt keine Satzung, also auch keine gewählten »Organe«, vielmehr nur einen durch Zuwahl weiterlebenden »Vorstand« und eine Einladungsliste. Die darin gesammelten »Mitglieder«, die es also tatsächlich gibt oder auch nicht gibt, kommen zahlreich und zahlen ihr Mittagessen selbst. Der jeweilige Redner – nach dem Kaffee halbe Stunde Vortrag, halbe Stunde freimütige Diskussion – kommt auch freiwillig und kriegt kein Honorar. Auch derlei lebt in unserer nüchternen, erfolgreichen, gefährdeten Republik, in ihrer liebenswerten, nicht mehr provisorischen Hauptstadt.
Da muß doch ein ordentliches Buch herauskommen, sagte uns der Verlag. Wir sagten, unbescheiden wie wir sind, das hätten wir längst gewußt. Nun ist es da.

Die Herausgeber

P.S. Natürlich: »Eine Anthologie ist immer eine Ungerechtigkeit«
(Gerardo Diego)

Bonn Provisorium?

OB Hans Daniels

Fragenstellung: Barthold C. Witte

Frage 1:
Herr Oberbürgermeister, die Zeiten des »Provisoriums Bonn« sind vorbei. Sie sind der gewählte Repräsentant der Bundeshauptstadt Bonn. Ist Bonn eigentlich eine Hauptstadt geworden, kann es überhaupt eine sein?
Antwort:
Daß Bonn Hauptstadt der Bundesrepublik Deutschland ist, wird heute von niemandem mehr in Frage gestellt. Allenfalls bleibt die Frage offen, ob die Stadt Bonn dem *Hauptstadtanspruch* gerecht wird. Dazu wäre vorab zu klären, was denn die Kriterien sind, die für eine Hauptstadt gelten sollen. Wenn die Funktionen der Hauptstadt nur durch eine Metropole, wie Berlin, London, Paris, erfüllt werden können, hat Bonn natürlich Schwierigkeiten. Aber so ist es ja nicht. Die meisten Bundesstaaten haben den Sitz des Parlaments und der Regierung nicht in einer ihrer wichtigsten Groß-Städte. Trotzdem wird dort oft gute Politik gemacht, identifizieren sich die Bürger dieser Länder mit ihrer Hauptstadt. In Bonn wird seit über 30 Jahren nun schon deutsche Politik gemacht. Die Bewohner dieser Stadt sind zu über 90 v. H. begeisterte Bonner. Sie möchten zu 85 v. H., daß Bonn eine Hauptstadt ist, die trotzdem gemütlich bleibt, in der sich ohne Hektik leben läßt. Im In- und Ausland mag man da und dort noch ein wenig milde auf diese »kleine Residenz« herabschauen; aber der Name »Bonn« steht heute in aller Welt für die Politik der Bundesrepublik Deutschland.

Frage 2:
Ungefähr ein Drittel aller Bürger Bonns und seines Umfelds sind als *»Hauptstadtgefolge«* zugezogen. Sie lernten die Einheimischen zunächst als Vermieter, Kaufleute, Fahrer und Pförtner kennen. Bönnsch reden sie heute noch nicht. Kann die Stadt ihre Neubürger überhaupt integrieren?

Antwort:
Es sind sogar *zwei Drittel der Bonner Bürger* von heute erst nach 1950 in diese Stadt gekommen. Dennoch fühlen sie sich als Bürger dieser Stadt, nehmen sie an ihrem sozialen, gesellschaftlichen, kulturellen Leben, am Vereinsleben teil, bekennen sie sich zu ihrer Stadt, fahren sie zum großen Teil stolz mit dem »Kußmund« am Auto durch alle Welt. Sollten sie Vorbehalte haben, sich als Bonner zu fühlen, sind sie jedoch überzeugte Kesseniicher, Endenicher, Friesdorfer, Godesberger, Geislarer, Lengsdorfer, Beueler. Und – wie schon erwähnt – 99 v. H. aller Bonner leben gerne in dieser Stadt. Die nicht Integrierten wären allenfalls bei dem 1 Prozent zu suchen, von dem man weiß, daß es nicht gerne in Bonn lebt.

Frage 3:
Ausländische Freunde haben neulich behauptet, die hübsche kleine Residenz am Rhein sei Teil einer neudeutschen *falschen Bescheidenheit:* man verbirgt die eigene Bedeutung, das eigene Gesicht hinter einer Zwergenfassade. Finden Sie das auch?
Antwort:
Ich halte die Stadt Bonn für eine *würdige Repräsentantin* der Bundesrepublik Deutschland. Bonn ist eine typische deutsche Stadt, was ihr Gesicht, ihre Einbettung in die Landschaft, ihre Geschichte anbelangt. Sie bietet an kulturellen, schulischen, sportlichen, gastronomischen Einrichtungen, ja an Infrastruktur überhaupt weit Überdurchschnittliches. Und was Bonn so sympathisch macht, ist nicht falsche Bescheidenheit, sondern der menschliche Maßstab. Ich halte das für einen angemessenen Rahmen für deutsche Politik.

Frage 4:
Wie lange sollte nach Ihrer Meinung Bonn unsere Hauptstadt bleiben?
Antwort:
Bis zur hoffentlich nicht zu fernen Wiedervereinigung Deutschlands in Frieden und Freiheit.

Bonner Einblicke

Macht und Funktionseliten

Bonn – ein Gesprächskreis

Sven Backlund

In Bonn wird viel gesprochen und das nicht nur im Bonner Gesprächskreis. Eigentlich ist die ganze Bundeshauptstadt ein Gesprächskreis. Einige meinen sogar, hier wird viel mehr geredet als gehandelt. Nur Außenseiter, die von der Politik wenig verstehen, könnten aber den Politikern den Vorwurf machen, sie redeten zu viel und handelten zu selten. Solche Kritiker denken gar nicht daran, was für *Folgen es haben könnte, wenn die Politiker die ganze Zeit handelten.*

Ich war auf Auslandsposten in den Vereinigten Staaten, in Belgrad und in Brüssel. Die größte Ähnlichkeit fand ich zwischen Washington und Bonn. Beide sind Hauptstädte eines föderalen Staates, es gibt kaum Industrie und deswegen eine totale Konzentration auf Verwaltung und Politik. Diese Konzentration – daß sich vielleicht zu viele Leute mit zu wenig beschäftigen – fördert in beiden Hauptstädten eine sehr große Offenheit.

Mein Problem als schwedischer Botschafter in Bonn war nie, Informationen zu erhalten oder Meinungen zu erfahren. Viel schwieriger war es oft, alles das, was ich gelernt hatte, nach Hause zu vermitteln. Wie oft habe ich nicht versucht zu erklären, daß Rapallo nicht besonders relevant ist, oder daß die Wiedervereinigung Deutschlands nicht unmittelbar bevorsteht.

Für einen politischen Menschen ist die *Bonner Konzentration auf Politik* gar nicht störend, auch wenn sie ab und zu die Unterhaltung etwas einseitig macht. In dieser Hinsicht ist aber Brüssel noch schlimmer. Dort hätte *Marilyn Monroe nackt vorbeigehen können, und die Fachsimpelei über die Möglichkeit eines europäischen Bieres von deutscher Reinheit wäre nur kurz unterbrochen worden.*

Ehrlich gesagt, habe ich mich in Bonn mehr als Europäer gefühlt als in Brüssel. Wer fünf Meter vom Rhein entfernt seine Residenz hat, und dadurch auch zu den Nachbarländern in Verbindung steht, muß täglich nachdenken über die Wurzeln der europäischen Kultur, nicht zuletzt die römischen.

Ich darf vielleicht hinzufügen, daß der Charme Bonns für einen ausländischen Botschafter dadurch erhöht wird, daß er selten die ganze Woche in der Bundeshauptstadt bleibt. So ist es für viele im Bonner Gesprächskreis; das erweitert den Themenkreis beträchtlich.

Meine Erfahrung ist, daß die Gesprächspartner die Demokratie ernst nehmen – ab und zu sogar ein bißchen zu ernst. Es muß mit der Nähe zu Bonn zu tun haben, daß ausgerechnet Aachen einen Orden gegen den tierischen Ernst verleiht.

Ich verlasse ungern Bonn, um mich in das unbekannte Leben eines Rentners zu stürzen. Doch werde ich eine Zweitwohnung in Berlin haben. Und *Berlin ist auch ein Gesprächskreis,* auch wenn nicht ganz so tierisch ernst.

Vom Parteienstaat zu Staatsparteien?

Günter Verheugen

Manchmal liegen die Dinge wirklich so, wie fast alle glauben: die mächtigsten Einrichtungen in der deutschen Demokratie sind tatsächlich die Parteien. Weit über den von der Verfassung vorgesehenen Auftrag (»Die Parteien wirken an der politischen Willensbildung mit«) hinaus, entfalten die Parteien eine *öffentliche Wirksamkeit, der sich kein Bürger entziehen kann.* Sie entscheiden nicht nur über die Besetzung der Verfassungsorgane und die Spitzenpositionen der Verwaltung, der elektronischen Medien und des gesamten riesigen, öffentlich kontrollierten Wirtschafts- und Dienstleistungsbereichs. Sie üben Einfluß aus in ihrem sogenannten Vorfeld – den großen gesellschaftlichen Gruppen, von Berufsverbänden über Gewerkschaften bis zu den Kirchen. Sie wirken faktisch an allen Entscheidungen auf allen Ebenen mit, die den Bürger betreffen. Diese *enorme Machtkonzentration* verteilt sich theoretisch auf die etwa zwei Millionen Parteimitglieder, in der Praxis allerdings nur auf die relativ schmalen Funktionseliten in den Parteien.
Dieser Zustand muß nicht undemokratisch sein. Die Macht der Parteien wird begrenzt und kontrolliert durch den Wettbewerb, der zwischen ihnen und in den eigenen Reihen herrscht, sie wird überwacht von der Presse und von den Verbänden. Letztlich sind es immer die Wahltermine, die den Parteienstaat erträglich machen. Die Angst, vom Wähler bestraft zu werden, hindert die Parteien daran, allzu offen allzu übermütig zu werden.

Parteienherrschaft

Wo sie diese Angst nicht haben müssen – in bestimmten todsicheren Mehrheitsgebieten, da verwandelt sich der Parteieneinfluß in Parteienherrschaft. Der Unterschied zum *Feudalsystem* ist dort nicht mehr allzu groß. An die Stelle des eigentlichen Souveräns, des Volkes, tritt das Instrument, dessen das Volk sich bei der Durchsetzung seines Willens bedienen soll.

Die starke Stellung der Parteien in der Verfassungswirklichkeit der Bundesrepublik hängt auch mit der bewußten Abwendung des Parlamentarischen Rates von pebliszitären Elementen im Grundgesetz zusammen (was die Parteien später nicht davon abgehalten hat, die Bundestagswahl in ein Kanzlerplebiszit umzuwandeln). Die strenge Form der repräsentativen Demokratie ist bei uns nicht deshalb eingeführt worden, weil sie zu einer systemgerechteren Ausführung des Wählerwillens führt, sondern weil die Erfahrungen mit plebiszitären Entscheidungen, wie sie die Weimarer Reichsverfassung vorsah, abschreckend waren. Der ständige direkte Einsatz von Volksmassen – die allerdings hochgradig manipuliert waren – als Propagandainstrument des Nationalsozialismus mochte ein weiteres zu dem offenkundigen Abscheu allen plebiszitären Entscheidungsformen gegenüber beigetragen haben.
Es wäre nach mehr als dreißig Jahren hohe Zeit, nicht nur in einer der Öffentlichkeit kaum bekannt gewordenen Enquetekommission des Bundestages, sondern in einer breiten Diskussion aller Beteiligten die Frage zu erörtern, ob die *Bürger der Bundesrepublik nicht inzwischen das Zeugnis der staatsbürgerlichen Reife* erworben haben und deshalb künftig mehr Angelegenheiten direkt beeinflussen oder sogar entscheiden sollten. Immerhin sind die entsprechenden Möglichkeiten noch nicht einmal in allen Ländern der Bundesrepublik gänzlich ausgeschlossen. Es gibt Volksbegehren und Volksentscheide, es gibt Bürgerbegehren und Bürgersprechstunden auf kommunaler Ebene und es gibt – bei Kommunalwahlen – technische Varianten der Verhältniswahl, die es dem Bürger erlauben, das in kleinen Zirkeln ausgeklügelte Personalkonzept der Parteien zu durchbrechen. Es gibt – in Bayern! – ein Recht auf Popularklage in Angelegenheiten des Naturschutzes, auf Bundesebene bisher nicht einmal ein Verbandsklagerecht. Mit anderen Worten: es lassen sich eine ganze *Menge zusätzlicher direkter Beteiligungsmöglichkeiten des Bürgers* denken, die den repräsentativ-parlamentarischen Charakter des gesamten politischen Systems nicht verändern würden.

Bürgerbeteiligung

Mehr Bürgerbeteiligung ist die eine Antwort auf die Krise des Parteiensystems. *Selbstbesinnung und Rückzug aus Bereichen,* wo Parteien an sich nichts verloren haben, die andere. Daß wir uns in einer Krise des Parteiensystems befinden, bestreiten die Parteien selbst natürlich am vehementesten. Was sie äußerstenfalls einräumen, ist eine gewisse Parteienverdrossenheit oder Parteimüdigkeit – aber Krise? Wieso denn? Um die Antwort zu finden, muß man sich die parteipolitische Entwicklung der Bundesrepublik einmal im Überblick vergegenwärtigen. Die mehr als dreißigjährige Entwicklung verläuft gradlinig vom Parteienstaat zu den Staatsparteien. Die Parteiendemokratie war vom Grundgesetz gewollt. Ebenfalls gewollt war eine gewisse Konzentration. Weder überzogener Regionalismus noch einseitiger Partikularismus sollte auf der Bundesebene eine Chance haben. Die Fünf-Prozent-Klausel und Adenauers (ver)einnehmendes Wesen gegenüber den kleineren Rechtsparteien besorgten die Konzentration auf schließlich (seit 1961) nur noch drei im Bundestag vertretene Parteien (wobei CDU und CSU je nach taktischem Vorteil entweder als eine oder als zwei Parteien auftreten). Wenn die Bundesrepublik als Parteiendemokratie gekennzeichnet wird, so ist eine Drei-Parteien-Demokratie gemeint. *Die Konzentration auf drei Weltanschauungsparteien war ein Glücksfall für die Bundesrepublik.* Ihre in der westlichen Welt absolut ungewöhnliche politische, wirtschaftliche und soziale Stabilität ist eine unmittelbare Folge dieses Drei-Parteien-Systems. Eine sozialdemokratische Partei mit Integrationsfähigkeit nach links, eine christlichdemokratische konservative Kraft mit Integrationsfähigkeit nach rechts und in der Mitte eine liberale Partei, die sich im Lauf der sechziger Jahre aus einem etwas starren Bürgerblockdenken lösen und so das System insgesamt flexibel und reformfähig machen konnte.

Seit 1961 gibt es im Deutschen Bundestag weder nach Sitzen noch nach Stimmen bei der Wahl eine absolute Mehrheit. *Die typische Regierungsform ist die Zwei-Parteien-Koalition,* wobei jede mögliche Variante bereits vorgekommen ist. Wenn das Experiment große Koalition auch aus vielen Gründen, in erster Linie aber aus innerer Schwäche, gescheitert ist, so hat sie aber der Stabilität des Systems insgesamt einen unschätzbaren Dienst erwiesen. Sie lieferte den Beweis, daß jeder mit jedem kann – regierungsfähige Mehrheiten also immer zur Verfügung stehen müssen.

Die in der deutschen Geschichte bisher einmalige parlamentarische Kontinuität des Deutschen Bundestages hat den Kampf um Wählerstimmen und das Bemühen um eine die Regierung stützende Mehrheit entscheidend verändert. Der politische Wettbewerb in der Bundesrepublik Deutschland wird nicht um extreme Stimmen oder um extreme Positionen geführt: umkämpft ist *vielmehr* die *Mitte.* Das macht die Position der liberalen Partei einerseits so äußerst ungemütlich, andererseits verleiht es ihr eine funktionale Bedeutung weit über die erzielten Stimmenergebnisse hinaus.

Da SPD und CDU/CSU durchaus stark ausgeprägte Flügel haben, würde im Fall der absoluten Mehrheit einer dieser beiden Parteien der jeweils am weitesten an den entsprechenden Rand des politischen Gesamtspektrums gehörende Parteiflügel die mehrheitsbildende Macht sein. Die Politik müßte sich nicht mehr eine Mehrheit in der Mitte, sondern auf dem linken oder rechten Flügel sichern. Dies ist der Haupteinwand gegen die von der Hermens-Schule in Deutschland verbreitete *Irrlehre,* nur ein Zwei-Parteien-System mit Mehrheitswahlrecht könne für dauerhaft stabile politische Verhältnisse sorgen. Dieser Irrlehre hat immerhin einmal ein für das Wahlrecht zuständiger Bundesinnenminister angehangen, und er ist ihr dann endlich auch zum Opfer gefallen. Die Idee spukt aber immer noch in vielen Köpfen herum. Ein kurzer internationaler Vergleich zeigt bereits, daß es auch keinerlei empirische Befunde gibt, die irgendeine segensreiche Wirkung des Zwei-Parteien-Systems beweisen könnten.

Von der Präsidialdemokratie USA mit ihren gänzlich anderen Bedingungen einmal abgesehen zeigt sich, daß weder Zwei- noch Vielparteiensysteme dem Drei-Parteien-System der Bundesrepublik überlegen sind.

Das Drei-Parteien-System in der Bundesrepublik bezieht eine zusätzliche Stärke aus der Tatsache, daß die *drei beteiligten Parteien in ihrer Struktur gleich sind:* sie sind allesamt *Volksparteien mit weltanschaulichem Hintergrund.* Sie sind Volksparteien, weil sie sich prinzipiell an alle Bürger wenden und sich nicht als ausschließliche Interessenvertretung einer Klasse, einer Schicht oder auch nur einer größeren Gruppe verstehen. Natürlich gibt es Unterschiede in der sozialen Zusammensetzung der jeweiligen Mitglieder- und Wählerschaft. Aber man kann schon lange nicht mehr sagen, daß für die SPD der klassenbewußte Arbeiter, für die CDU/CSU der katholische Landwirt und für die F.D.P. der mittelständische Unternehmer der typische Anhänger sei.
Die trennenden Weltanschauungen sind gewöhnlich nicht sehr deutlich ausgeprägt. Der Grundkonsens über die Aufgaben, die Organisation und die Kontrolle des Staates reicht weit – für sehr kritische Bürger gelegentlich zu weit.
Vielen Menschen, die es nur gewöhnt sind, in einfachen Alternativen zu denken, fällt es nicht leicht, sich in einem Drei-Parteien-System zu orientieren. Die schematische Denkweise des Entweder-Oder kann nur schwer akzeptieren, daß es drei gleich starke Ideen geben soll, die miteinander im Wettbewerb stehen. Deshalb wird dann auch von *Blockparteien* gesprochen, wenn von Koalitionspartnern die Rede sein soll. *Die Blockpartei macht die Welt wieder heil:* Man ist links oder rechts, national oder progressiv, neuerdings auch marktwirtschaftlich oder ökologisch eingestellt, man ist sozialistisch oder bürgerlich – daß es noch einen jeweils dritten eigenständigen Weg gibt, ist schwer plausibel zu machen. Vielleicht spielen hier die Entscheidungsprozesse einer Koalition eine Rolle. In der Bundesrepublik sind die Entscheidungsgänge selten ganz durchsichtig, aber Koalitionen benutzen noch eine zusätzliche Tarnkappe – einfach aus Notwehr. Wenn sich Koalitionsparteien in einer Sachfrage um einen Kompromiß bemühen und dies in aller Öffentlichkeit geschieht, dann setzen sie sich dem ständigen Vorwurf aus, sie seien zerstritten.

Der kompromittierte Kompromiß

Hinter diesem Schutzverhalten verbirgt sich ein gefährlicher Mangel an politischem Bewußtsein der Deutschen. Der Kompromiß ist kompromittiert. Es gibt Sieger oder Besiegte, es gibt richtig oder falsch, gut oder schlecht – dem Kompromiß haftet immer etwas Negatives, ein Beigeschmack an. Dabei könnte man eine Demokratie mit einigem Recht als eine Verfahrensregelung zur Einigung auf den besten möglichen Kompromiß bezeichnen. Jedenfalls können Koalitionsregierungen dem Zwang zum Kompromiß nicht entrinnen, sonst scheitern sie. Die Geringschätzung des Kompromisses mag tief in traditionellen Verhaltensweisen wurzeln. Die Vorstellung von der Politik als einem kriegsähnlichen Kampf und anderes atavistisches Zeug spielt da mit herein. *Halsstarrigkeit wird eben gerne mit Grundsatztreue* verwechselt und liberale Kompromißbereitschaft mit Selbstaufgabe. Und so stimmt denn das zweipolige Weltbild wieder.

Wahrscheinlich würden der große Wert und die schon historische Leistung des Drei-Parteien-Systems in der Bundesrepublik Deutschland besser und schneller gewürdigt, wenn das System in sich ausgeglichen wäre, wenn also nicht zwei Massenparteien eine deutlich kleinere gegenüberstünde. Es ist tatsächlich eine Art Gerechtigkeitsgefühl, das sich empört, wenn z. B. in einer Koalition die kleinere Partei der größeren (scheinbar) ihren Willen aufzwingt.

Dabei funktioniert das Koalitionsverhalten in der Bundesrepublik nach dem *Prinzip der Gleichberechtigung.* Anders als Adenauer, der immer darauf aus war, seine Koalitionspartner *zu verschlingen,* haben sowohl Willy Brandt wie Helmut Schmidt ihren Koalitionspartner *immer »pfleglich«, vor allen Dingen fair behandelt.* Beide haben sie im übrigen F.D.P.-Positionen gerne dazu benutzt, unrealistische Tagträumer in den eigenen Reihen unsanft aufzuwecken, mit Hinweis auf das berühmte »Machbare«.

Die sozialliberale Koalition hat von Anfang an das Arbeiten mit wechselnden Mehrheiten im Parlament ausgeschlossen. Man war sich einig, daß die Regierungsmehrheit bei jeder Sachfrage vorgezeigt werden muß. Vielleicht ist es dadurch gekommen, daß der Deutsche Bundestag die Nation selten in atemlose Spannungen versetzen kann. Überraschungen sind relativ selten. Aber es werden auch nicht in irgendwelchen Parteibüros oder Salons Regierungen gestürzt und gemacht, es wird nicht mit Köpfen gekegelt.

In der alten, streng gewaltenteiligen Auffassung vom Parlamentarismus stand das Parlament als Ganzes der Regierung gegenüber – heute sitzt zwar der Bundestag immer noch so, wie es dieser Denkweise entspricht, *die klassische Gewaltenteilung gibt es aber nicht mehr.* Im klassischen Parlamentarismus wäre die Abrede, immer gemeinsam abzustimmen, ganz gewiß systemwidrig gewesen. In unserem heutigen System der »checks and balances« sorgt diese Abrede aber dafür, daß das Parlament handlungsfähige Regierungen erzeugt. Es hat Einzelfälle gegeben – wie die Kalkar-Diskussion in der F.D.P.-Fraktion –, wo die neue Wirklichkeit und das alte Parlamentarierselbstverständnis unsanft gegeneinandergestoßen sind. Die äußere Form unserer Institutionen entspricht nicht mehr ihrem inneren Mechanismus. Das macht vielen Betrachtern die Kritik an den Zuständen in Bonn so leicht – angefangen von den leeren Bänken im Plenum des Bundestages bis hin zu den Schaufensterreden und, viel schlimmer, der nur noch geringen Attraktivität ernsthafter politischer Arbeit im Vergleich zu dem mühelosen »Erfolg«, der sich einstellt, wenn man Politik nur noch unter dem Gesichtspunkt ihres Verkaufswertes betrachtet.

Zweifel an der Parteiendemokratie gibt es nicht erst seit gestern. Schon in den ersten Legislaturperioden des Bundestages setzte ja die Machtverschiebung zugunsten der Parteien ein. Rücksichtsloser als durch die CDU-geführten Regierungen der fünfziger Jahre wurde der Staat später nie in den Dienst von Parteiinteressen gestellt. Mit zunehmend dichter werdendem Organisationsgrad der Parteien wuchs auch ihre Allgegenwärtigkeit mit.

»Staatsparteien« und Verfilzung

Die Stufe von der Parteiendemokratie zum Parteienstaat war bereits erklommen. Auf dieser Stufe wandelte sich dann auch das Selbstverständnis der beiden Massenparteien: sie wurden zu *Staatsparteien.* Sie konnten *keinen Unterschied mehr erkennen zwischen den Interessen der Allgemeinheit und ihren eigenen.* Sie fingen an, sich mit der Einrichtung zu verwechseln, der sie dienen sollten. Eine Staatspartei kann etwas sehr Ehrenhaftes sein: eine Partei, die mit allen ihren Kräften dem Staat und seinen Bürgern dient. Eine Staatspartei kann aber auch einen fast parasitenhaften Charakter annehmen, nämlich dann, wenn sie meint, der Staat mit allen seinen Kräften und vor allem mit allen seinen Posten habe ihr zu dienen. Fatal wird es, wenn eine solche Partei auch noch die Macht hat, ihren eigenen hypertrophen Wahn durchzusetzen.

CDU/CSU und SPD haben sich inzwischen in diesem Sinne zu Staatsparteien auf der höchsten Stufe ihrer Wirksamkeit entfaltet. Sie breiten sich in immer mehr Bereiche des privaten und des öffentlichen Lebens aus, wo sie im Grunde überhaupt nichts zu suchen haben. Vergabe von Leitungs- und Kontrollfunktionen nicht unter dem Gesichtspunkt der höchsten Qualifikation, sondern unter dem der *Versorgung verdienter oder Abschiebung unbequemer Parteifreunde sind gang und gäbe.*

Konsequenz dieser Entwicklung ist eine unheilvolle, für den Bürger ganz und gar undurchdringliche *Verfilzung* von Partei, Bürokratie, Verbänden und Medien. Der Sinn dieser Verfilzung ist nicht Bereicherung, wie oft angenommen wird. Der Sinn ist die immer perfektere Absicherung eines Herrschaftsanspruchs. Vielleicht unbewußt haben die Parteien auch schon relativ früh damit begonnen, sich Privilegien zu verschaffen gegenüber politischen Gruppierungen, die sich neu bilden wollen.

Die Wahlkampfkostenerstattung ist in Wirklichkeit eine Wahlerfolgsprämie. Sie schreibt einmal aufgetretene und vom Wähler dieses eine Mal durchaus gewollte Ungleichgewichtigkeiten fest und programmiert auf diese Weise schon den Ausgang der nächsten Wahl. Etwas Ähnliches gilt für die öffentlich-rechtlichen Medien, wo die Parteien in der Gestalt von Kontrolleuren auf sich selber in der Gestalt von Kontrollierten treffen. In den Rundfunkanstalten hat sich daher eine Bevorzugung der in den Aufsichtsgremien oder in der Leitung der Anstalt direkt vertretenen Parteien inzwischen verselbständigt – Druck braucht in der Regel nicht ausgeübt zu werden. Das System funktioniert subtiler.

In den letzten zwei, drei Jahren sind unter der scheinbar so glatten Oberfläche unseres Parteiensystems zuerst feine, dann immer kräftigere Risse sichtbar geworden. Obwohl sich ihre Wähleranteile kaum nach unten verändert haben und insofern eine hohe Systemzufriedenheit unterstellt werden könnte. Die »Parteienlandschaft«, so heißt das neue Modewort, sei in Bewegung geraten. Tatsächlich hat zumindest die CSU mit dem Projekt »Vierte Partei« an die Zerschlagung der Ordnung gedacht, in der sie selbst nicht schlecht gefahren ist. Eine Zeitlang war die Gefahr sichtbar, die CSU könne versuchen, alle erkennbaren Formen von Verdrossenheit und Unzufriedenheit in einer populistischen Partei zu bündeln: *Steuerprotest, Umweltprotest, Bürokratieprotest* – das könnte alles zusammen schon eine brisante Mischung ergeben. Weil aber die Motive rein taktischer Natur waren, konnte der Plan aufgegeben oder doch zumindest zurückgestellt werden, nachdem Strauß zum Kanzlerkandidaten avanciert war und außerdem die »Grünen« erste Erfolge erzielt hatten.

Jenseits dieser taktischen Spielchen, der hausgemachten Krise des Parteiensystems, bleibt aber als besorgniserregender Tatbestand bestehen, daß eine Vielzahl von Bürgerinitiativen ein Beteiligungsangebot an die Bürger macht, das deutlich gegen die als »etabliert« geltenden Parteien gerichtet ist. Hauptursache der Parteienverdrossenheit sind konkrete Erfahrungen auf der kommunalen Ebene und eine neue Trendwende: *Die Bewunderung für das Große und Gigantische hat aufgehört und einer schon fast nostalgischen Sehnsucht nach den kleinen, überschaubaren Einheiten Platz gemacht.*

Teutonische Besessenheit

Quer durch die Parteien hindurch ist in den letzten fünfzehn Jahren mit geradezu teutonischer Besessenheit versucht worden zu konzentrieren, zu zentralisieren, zu optimieren und was dergleichen technokratische Zauberformeln mehr sind. Der Geist dieser Politik enthüllt sich am deutlichsten in der Eiseskälte, mit der aus den alten Städten Wetzlar und Gießen Lahn 1 und Lahn 2 gemacht worden sind. Aber Wetzlar und Gießen waren fast überall. Technische und bürokratische Effizienz steht auf der einen Seite, der verängstigte und verunsicherte Mensch, der sich in einem Großklinikum nicht zurechtfindet, auf der anderen. Aber was hat hier Vorrang: daß sich Reißbrettstrategen in Beton verwirklichen können oder daß der Mensch sich geborgen fühlen kann?

Notwendige und richtige Reformen wie z. B. die Bildungsreform sind durch äußerliche Gigantomanie in Mißkredit geraten. Und wieviel Eigeninitiative, wieviel bürgerschaftliches und nachbarschaftliches Verantwortungsgefühl ist durch die sogenannten Gebietsreformen verschüttet worden! Auch in der Gesellschaft selbst hat der Hang zu neuer und immer rekordträchtigerer Größe so manche Verwüstung angerichtet. Wie selbstverständlich verlangen die Organisationen der Arbeitgeber und der Arbeitnehmer, daß der Staat gefälligst helfen möge, wenn ein Großbetrieb mit 3000 Beschäftigten durch schlechtes Management in Gefahr gerät. Das Schweigen im Walde aber herrscht, wenn ebensoviele Arbeitsplätze in 300 Klein- oder Mittelbetrieben in Gefahr sind. Dann heißt es höchstens: Das ist Marktwirtschaft.

Die Parteien scheinen die Zeichen der Zeit erkannt zu haben. Nachdenklichkeit über das eigene Verhalten, eingebürgerte Gewohnheiten, gedankenlose Routineaktionen hat eingesetzt. Die Konsequenzen müssen bald sichtbar werden – andernfalls besteht die große Gefahr, daß die junge Generation sich noch stärker als heute schon von diesem Staat abwendet.

Bürgernähe als Schlagwort und Propagandaparole taugt zu nichts. Eine Bürgernähe, die sich darin äußert, daß die »große«

Politik sich auch um die kleinen Sorgen der »kleinen Leute« kümmert, ist verlangt. Was für die Politiker die kleinen Sorgen dieser Leute sind, liegt den Betroffenen oft als große Sorge wie ein Alp auf der Seele. Und umgekehrt kommt der reißende Strom großer politischer Rede beim Bürger oft nur als kleines Rinnsal von Platitüden und Hohlheiten an.

Journalisten in Bonn

Armin Grünewald

Bonner Journalisten als Teilhaber an der Arroganz der Macht? Es liegt nahe, da einen zwingenden Zusammenhang zu vermuten. Aber was naheliegt, muß nicht richtig sein.

Die *Machtstrukturen in Bonn sind vielschichtig,* für den Außenstehenden verwirrend, und nach meinem Eindruck lassen Bonner Journalisten ihre Zentralen und ihr Publikum nur zu gern mit dieser Verwirrung allein. Die Dinge würden ja auch für den Leser, Hörer und Zuschauer viel zu verworren, würden die Chronisten sich kontinuierlich daran machen, die Machtstrukturen detailliert offenzulegen. Wer es unter den Bonner Chronisten dennoch tut, betätigt sich im Regelfall als terrible simplificateur und schildert eher Erwartungshaltungen seines Publikums als die wirklichen Zusammenhänge.

Die Bonner Journalisten tun sich mit dieser ihrer Zurückhaltung übrigens indirekt – und möglicherweise unbewußt – einen Gefallen: sie vermeiden es, offenzulegen, wie kurzlebig, ja gelegentlich unbedeutend in der politischen Wirkung das ist, was sie hervorbringen. Warum sollten sie das ihren Kunden eingestehen? Geht es ihnen doch nicht anders als den Politikern und Beamten, mit denen sie die *geschnipselte Macht in fruchtbarer (nicht: furchtbarer!) Symbiose teilen.*

Das merkt ja jeder Journalist, der nach Bonn kommt: er fragt nach der Macht wie nach der Beethovenhalle und merkt nach ein paar Monaten, nicht die Macht ist es, die Bonn zusammenhält im Kräftefeld derer, die da etwas tun oder nicht tun, und derer, die das in weiser Beschränkung auf das Mitteilenswerte (was nicht dasselbe ist wie das der Mitteilung Würdige) beschreiben. Die Symbiose ist es. Das Leben und lebenlassen – auf Rheinisch: Mer muß jönne könne! Dies ist das Entscheidende an der Arbeit und für die Arbeit. Sicheres Indiz für die gelungene Symbiose ist die unglaubliche Geschwätzigkeit, die die rheinische Capitale vor allen anderen Regierungssitzen der Welt auszeichnet.

Diese Geschwätzigkeit sorgt für ein *Maximum – nicht Optimum!* – an Information oder was die Wasserträger der wahren Wirklichkeit beziehungsweise der wirklichen Wahrheit dafür halten. Aus diesem Maximum an Information wählt »der Bonner Journalist« die Neuigkeiten aus und liefert sie seinem Publikum. So kommt es, daß man aus Bonn zwar dauernd Neuigkeiten liest und hört, aber nur wenig Informationen bekommt. Damit gehen die Journalisten ebenso sparsam um wie ihre geschwätzigen Partner im politischen und administrativen Apparat. Gegenüber diesem Apparat profitieren erfahrene Bonner Journalisten davon, daß sich viele in der Administration für (unlegitimierte) politische Talente halten und ebenso viele im politischen Apparat für administrative Macher. Die verschwommene und stets schwimmende Grenze zwischen beiden Lagern macht den eigentlichen informationspolitischen Reiz dieser Klein-Capitale aus. Er besteht darin, daß man besonders schöne Gräser und Blumen zu finden meint, wenn man sich im Vorgarten des jeweils anderen bewegt. So sieht sich der parlamentarische Hinterbänkler flugs zu Regierungskreisen erhoben und der vorlaute Ministerialbeamte zu politischen Kreisen.

Die dienstliche Pflicht zum Verwischen der Spuren, die jeder Bonner Journalist ernst zu nehmen hat wie nichts anderes, dient so der Symbiose zwischen Apparaten, aber sie dient ebenso und in übergeordnetem Sinne der gedeihlichen Symbiose überhaupt. Sie beruht in einem strengen Comment von Spielregeln, der dafür sorgt, daß jeder es mit Fleiß vermeidet, den anderen in die Pfanne zu hauen oder bloßzustellen. Wer gegen diesen Comment verstößt, ist »out«, so »in« er sich seinem Publikum auch präsentieren mag.

Geht man der *Geschichte Bonner Pressesensationen* nach, so erkennt man im Rückblick schnell, daß die wenigen Fälle, die es überhaupt gegeben hat, nicht einmal vorwiegend vom Bonner Journalistencorps gehoben wurden, sondern von kurzfristig Zugereisten, die sich um irgend etwas verdient machen wollten, nur nicht um eine kontinuierliche Arbeitsbasis am Platze. Vorgänge wie die bei der »Neuen Heimat« gedeihen in Bonn publizistisch nicht. Und es spricht für sich (und die Bonner Journalisten), daß weder das Schicksal des Bauern Helms, noch die Identität jener beiden Unionspolitiker je gelüftet worden sind, die Rainer Barzel 1972 beim konstruktiven Mißtrauensvotum die Stimme verweigert haben.

In Bonn sagt man sich: es genügt, daß das passiert ist; die staatsbürgerliche Komponente ist zum Zuge gekommen. Was sollen wir noch lange in Personalien herumbohren und damit letzten Endes außer einem Augenblickserfolg nur dokumentieren, daß wir der Symbiose nicht gewachsen sind?

Stofflich lebt im übrigen diese Symbiose mehr von dem, was einer über den anderen *denkt* als davon, was wirklich *ist.* Was wirklich ist, ist ja auch in Bonn ziemlich schwer festzustellen. Das war schon immer so. Weil es so war und ist, haben sich Bonner Journalisten mehr und mehr darauf verlegt, der Frage nachzugehen, wer über wen was denkt. Das ist erstens viel interessanter und zweitens läßt sich darüber viel dauerhafter schreiben als über das, was angeblich »ist«. Und drittens erfordert die Beschreibung dessen, was ist, im Regelfall eine Sachkompetenz en detail, die sich anzueignen nur für wenige Bonner Journalisten lohnend erscheint im Vergleich zum möglichen publizistischen Ertrag.

Dies bedeutet nun keineswegs, daß der normale Bonner Journalist etwa für den Politiker kein Gesprächspartner wäre. Im Gegenteil. Auch der Politiker möchte ja nur im Ausnahmefall dargestellt sehen, »was ist«. Ihm ist es normalerweise viel wichtiger, beschrieben zu sehen, was gedacht wird. Man könnte die These wagen: was »ist«, ergibt sich in Bonn ohnedies überwiegend aus dem, was gedacht wird. Aber zur Erhärtung dieser These müßte wahrscheinlich unsere Republik erst noch doppelt so alt werden wie sie zur Zeit ist.

Versuchen wir eine erste, vorläufige Erhärtung der These anhand jenes Blattes, das sich jeden Montag mit dem Flair dessen umgibt, der überall dabeigewesen ist, einschließlich Kabinett und Bundessicherheitsrat. Was lesen wir allmontäglich darüber? Was wer gedacht hat über wen. Was lesen wir nicht? Was »ist«. Das informationspolitische Fazit ist bedrückend für denjenigen, der sich den »aufgeklärten Bürger« à la Karl Schiller erträumt.

Wer informationspolitisch Verantwortung trägt, ist denn auch gut beraten, rechtzeitig auf den breiten Zug der Meinungen aufzuspringen und sich nicht lange damit aufzuhalten, darzutun, was »ist«. Im breiten Spektrum des Meinens zur Geltung zu kommen, ist die Art der Bonner Annäherung an die Darstellung dessen, was »ist«. Denn wie gesagt: was »ist«, ergibt sich ohnedies weitgehend aus dem, was gemeint wird.
Ein zweiter Beleg bezeugt dies nicht im Sinne eines Thesen-Beweises, aber im Sinne einer inhärenten Plausibilität. Warum gibt es wohl aus Bonn eine so unsägliche *Flut von Interviews?* Interviews notabene, in denen erstaunlich wenig an Fakten mitgeteilt wird, in denen aber viel Meinung verbreitet wird. Das Meinen muß denn doch wohl – neudeutsch gesagt – seinen »Stellenwert« haben.
Und wie läßt sich in diesem subtilen Geflecht die Arroganz der Macht domestizieren? Schwer nur, und nur recht unauffällig. Ich sehe einmal vom Fernsehen ab, das es erlaubt, mit den scheinbar so Mächtigen als gleicher zu gleichen zu reden und die Gebärdensprache mit einzubeziehen. Man muß die Interviews sehen, um dahinterzukommen, wo hier die Arroganz schlummert – die Lektüre von ausgeschriebenen Texten hilft nicht weiter. Das Fernsehen ist auch in seiner unmittelbaren Wirkung viel zu flüchtig, als daß sich in diesem Medium Arroganz der Macht und die Teilhabe daran dauerhaft dingfest machen ließe. Geeigneter ist das gedruckte Medium. Denn hier kann man das letzte Wort behalten, beziehungsweise man kann das letzte Wort sich nehmen, intransingent bleiben, das »Dennoch« formulieren, den Prozeß der Einweihung in das Subtile schwarz auf weiß dokumentieren, das Erfahrene quittieren mit schriftlicher Geste, die Quittung zur polemischen Überschrift verkürzen, hinter die kurze Glosse den in Erz gegossenen Dreispalter setzen und damit dokumentieren, daß einem die Puste noch lange nicht ausgeht, daß man vielmehr noch eine Menge in der Hinterhand hat, das zu meinen und zu publizieren auch lohnend erscheinen mag. Dahinter könnte dann noch drohend das politische Porträt aufscheinen, eine Form, in die sich Politiker besonders gern verlieben ohne zu merken, was sie sich da einhandeln. Die wenigen

politischen Porträtisten, die sich in Bonn tummeln – und die kleine Zahl fördert nicht gerade den Leistungswettbewerb – wissen, was sie an ihren potentiellen Opfern haben, und sie nehmen mit wenig Aufwand am Spiel um die Arroganz der Macht im Logenplatz teil.

Eigentlich aber gehört das Kapitel Teilnahme an der Arroganz der Macht journalistisch nicht nach Bonn. Die Arroganz paßt nicht zur notwendigen Symbiose, sie paßt nicht zur kleinstädtischen Atmosphäre der Bundeshauptstadt und sie paßt nicht ins Rheinland. Bonner Journalisten verhalten sich denn auch eher vergleichsweise mausgrau, wenn man die Zugereisten aus den gehobenen Pressekontoren etwa aus Hamburg, aus Frankfurt oder aus München in Augenschein nimmt. Man muß einmal Hintergrundgespräche des Bundeskanzlers mit Bonner Korrespondenten einerseits und mit angereisten Chefredakteuren aus der Region andererseits miterlebt haben, um zu wissen, wo in der Republik sich Reservoire mit Beständen an Arroganz der Macht finden lassen. In Bonn unter den Alteingesessenen jedenfalls nicht.

Es wäre reizvoll, der Frage nachzugehen, was die *Leute aus der Region denn nun eigentlich bewegt, wenn sie sich plustern.* Ob sie von ihren Bonner Korrespondenten zu kurz gehalten werden? Ob sie ihren Bonner Korrespondenten mißtrauen, ob sie sie geringschätzen? (Letzteres ganz gewiß!) Ob sie zu viel an deutschen Stammtischen hocken, die es ja in Bonn in dieser Form nicht gibt? Ob sie zu viel Leseranalysen zu sich nehmen, statt anständige Blätter zu machen? Ob sie die Redaktion mehr administrieren als führen? Ob sie alles besser wissen, obwohl sie gut beraten wären, diejenigen zum Zuge kommen zu lassen, die auf jeden Fall mehr wissen? Wobei offen bleibt, ob mehr auch besser ist? Oder liegt es vielleicht auch an den Politikern, denen sie bei ihren Stipvisiten in Bonn begegnen? Politikern, die ja nicht glauben mögen und auch nicht glauben können, daß man in Landeshauptstädten auch etwas von Bonner Politik verstehen möchte? Ich weiß es nicht. Wahrscheinlich bin ich selbst schon viel zu lange in Bonn, um noch erfühlen zu können, wie einem zumute ist, wenn man frisch oder auf Stundenvisite dorthin kommt.

Das Corps der Interessenvertreter (CdI)

Klaus Broichhausen

Geheimnisvolles, Geheimniskrämerisches und Hintergründiges haftet dem Begriff »Lobby« an. Für die meisten Bürger ist das im wahrsten Sinne des Wortes ein Fremdwort. Sie ahnen nicht, was Lobbyisten tun und treiben. Für andere, die sich eingeweiht glauben, ist Lobby ein Reizwort. Sie verbinden damit die Vorstellung, daß *raffinierte Drahtzieher und mächtige Manipulanten* am Werk sind. Daher ist auch die Rede davon, daß Lobbyisten Politiker und Beamte umgarnen und sie mit allerlei Tricks »herumzukriegen« versuchen. Nicht wenige argwöhnen, daß dabei *Bestechung* gang und gäbe ist.

Lobbyisten müssen sich mit diesem Mißtrauen abfinden. Es ist sogar unverzichtbar, daß ihre Tätigkeit kritisch und distanziert begleitet wird. Als ebenso selbstverständlich hat es sich freilich in Bonn auch herumgesprochen, daß die Lobbyisten mit dazu gehören. Lobby als *Kürzel für Interessenvertretung ist legitim.* Lobby, aus dem angelsächsischen Parlamentarismus entlehnt, steht für ein fein eingefädeltes und eingespieltes System der Einflußnahme. Gruppen und Grüppchen, Verbände und Unternehmen, wollen mitreden und mitwirken bei der Vorbereitung von Gesetzen und Verordnungen. Neben dieser *politischen Interessenvertretung* arbeitet in Bonn eine *kommerzielle Lobby,* die sich um staatliche Aufträge und um Forschungsgelder müht. Rund *2000 Verbände, Organisationen und Unternehmen* haben sich mit Büros in Bonn angesiedelt, um ganz dicht am Zentrum der Macht zu sein. Von ihnen sind etwa *800* auch ständig in Brüssel und parallel dazu in Straßburg vertreten.

Lästig wie Filzläuse

Wer sich als Repräsentant eines Verbandes oder Unternehmens in Bonn oder Brüssel etabliert, muß von Berufs wegen lästig sein. Der Präsident des Bundesverbandes Freier Berufe, Dr.

Rolf Schlögell, drückt das unbeschönigt so aus: »Wir müssen leider lästig wie eine Filzlaus werden. Die Freien Berufe haben einen großen Nachholbedarf an Interessenvertretung.« Solche Interessenvertretung spielt sich nicht ab nach aufgeschriebenen Regeln. Dennoch ist Lobby mittlerweile eingeordnet in die *pluralistische Gesellschaft und in die Demokratie.* Das Corps der Interessenvertreter hat seinen Part in Bonn. Lobbyisten einerseits und Beamte und Politiker andererseits haben es gelernt, miteinander umzugehen. Die Begleitmusik der Interessenvertretung wird in Bonn nicht nur als störend empfunden. Es gibt bewährte Formen der Zusammenarbeit zwischen Lobby hier und Legislative und Exekutive dort. Der Interessenvertreter darf nicht nur wünschen und fordern, sondern muß in einem Wechselspiel auch fair, sachverständig und verantwortungsbewußt Ratgeber des Parlaments und der Ministerialbürokratie sein. Beamte und Politiker brauchen verläßliche Informationen von »draußen«. Sie sind in Bonner Abgeschiedenheit oft genug in der Gefahr, wirklichkeitsfremd und praxisfern zu entscheiden.

Gute *Ratschläge* und hilfreiche *Hinweise* zahlen sich für den Lobbyisten auf Dauer aus, weil sie Vertrauen schaffen und bewahren. Wenn ein Interessenvertreter dafür bekannt ist, daß er offen und ehrlich argumentiert, stehen ihm Türen offen, braucht er sich nicht durch Hintertüren hindurchzuwinden. So einfach und sauber kann Lobby sein. Um so unverständlicher ist es, daß immer noch fragwürdige Methoden angewendet werden, und das Risiko eingegangen wird, Lobby mit Geld zu betreiben. Zwei Beispiele dafür, daß Geld mit im Spiel ist: Erstens – Lobbyzahlungen aus der Wirtschaft an Abgeordnete auf dem Wege über Beraterverträge fließen weiter. Seit der Affäre um solche Verträge zwischen Unternehmen und Parlamentariern im Wahlkampf des Jahres 1972 sind durch das Abgeordnetengesetz in Verbindung mit den *»Verhaltensregeln für Mitglieder des Bundestages«* Vorkehrungen getroffen worden, solche Nebentätigkeit einzuschränken und zu kontrollieren. Jegliche wirtschaftliche und berufliche Bindungen von Abgeordneten und ihre Nebeneinnahmen müssen offengelegt und der Kontrolle des Bundestagspräsidiums unterworfen werden. Dennoch ist es auch heute nicht auszuschließen, daß das *Honorar aus Beraterverträgen* weniger für eine vertragsgemäße berufliche Leistung als aus der Erwartung überwiesen wird, daß der Mandatsträger die Interessen des Zahlenden in Bonn vertreten könnte. Gerade das hat das Bundesverfassungsgericht in seinem Diätenurteil von 1975 für nicht legitim erklärt. Ob Beraterverträge mißbraucht oder korrekt erfüllt werden, läßt sich im einzelnen gar nicht überprüfen. Darum bleiben sie so dubios. Zweitens – Abgeordnete erhalten von Unternehmen, Verbänden und Organisationen – auch vermittelt durch Repräsentanten in Bonn – Spenden zum Ausgleich ihrer persönlichen Ausgaben im Wahlkampf. Solche Zahlungen gelten im Verhältnis zwischen Lobby und Parlamentariern als harmlos, wenn damit keine Forderungen verknüpft sind. Trotzdem sollten Lobbyisten und Abgeordnete davon Abstand nehmen. Schon der Anschein finanzieller Abhängigkeit ist zu vermeiden.

Bestechung ...

Der Fall der Bestechung kommt, soweit man das Bonner Milieu kennt, viel seltener vor, als es draußen im Lande vermutet wird. Das ist zur Ehre deutscher Beamten auch in einem Runderlaß des Bundesinnenministeriums bestätigt, der Grenzen für die *»Annahme von Belohnungen und Geschenken durch Bundesbedienstete«* zieht. Verführungen sind Beamte zweifelsohne dann ausgesetzt, wenn sie Aufträge des Bundes – besonders an Rüstungsfirmen – vergeben. Das ist von Zeit zu Zeit auch der Berichterstattung der Lokalpresse aus dem Bonner Landgericht zu entnehmen. Sicherlich werden nicht alle Verstöße aufgedeckt und geahndet. Die Bundesregierung hält die Dunkelziffer jedoch nicht für nennenswert. Der Bundesdisziplinaranwalt muß sich jährlich nur mit drei bis fünf Fällen passiver Bestechung befassen.

Mit gestrengen Vorschriften für die Entgegennahme von Gefälligkeiten und Geschenken beugt der Staat vor, daß seine Bediensteten nicht vom Pfad der Tugend abweichen. Der Bund ist penibel, mißgönnt den Angehörigen des öffentlichen Dienstes

jedoch nicht Speis' und Trank auf Kosten der Lobby. Die Richtlinien haben nichts gegen eine »übliche Bewirtung« einzuwenden. Abgeordnete fühlen sich ebensowenig wie Beamte durch Einladungen zu einer wohlschmeckenden Mittagsmahlzeit oder zu einem gediegenen Abendessen bei Kerzenschein »bestochen«. Es wird Lobbyisten keineswegs verübelt, wenn sie gekonnt Gastgeber sind. Ihre Gastlichkeit gehört zum Alltag in Bonn.
In der Bundeshauptstadt gibt es nicht viele Möglichkeiten in angenehmer Atmosphäre gut zu speisen. Lobbyisten können ihre Treffpunkte aber auch nicht nur nach der Speisekarte und nach dem anheimelnden Interieur aussuchen. Es muß auch Gelegenheit sein, bei Tisch Bonner Themen besprechen zu können, ohne daß am Tisch »mitgehört« wird. Auch die Preislage eines Restaurants sollte stimmen. Die Preise dürfen nicht astronomisch sein. Wenn ein Lobbyist in ein extrem teures Haus einlädt, müssen die zu Tisch Gebetenen mißtrauisch fragen: »Welche hohen Erwartungen setzt der Einladende in dieses Gespräch? Was will er nur von mir, daß er mich so aufwendig bewirtet?«
Gäste dienstlich richtig und nobel zu betreuen, ist in Bonn noch mehr als anderswo eine Frage des guten Stils und Geschmacks.

Bonns bevorzugte Restaurants

Wo kehren Lobbyisten und ihre Gäste am liebsten ein? Eine repräsentative Zahl von Interessenvertretern – danach befragt – hat folgende Liste zur Auswahl: Besonders zur Mittagszeit bevorzugt sind, wie es nahe liegt, die Gaststätten rund um das Regierungsviertel: *Restaurant Tulpenfeld, Presseclub, Mövenpick* im Wissenschaftszentrum und *Ambassador* in der achtzehnten Etage des Steigenberger-Hotels. Besonders in- und ausländischen Gästen in Bonn macht es Freude, hoch oben über dem Bundeskanzleramt, dem Palais Schaumburg und der Villa Hammerschmidt einen Drink zu nehmen und zu dinieren. Wer im Umfeld von Parlament und Kanzleramt und der anschließenden Ministerien bleibt, muß es in Kauf nehmen, gesehen zu werden. Das gilt besonders für das Restaurant Tulpenfeld und den Presseclub, wenn kein »Séparée« frei ist. Aber was macht's? Im en-

gen Bonn spricht es sich ohnehin herum, wer mit wem spricht und gut Freund ist. Im Mövenpick haben die Tische zunächst so dicht beieinander gestanden, daß die Nachbarn mithören mußten; ob sie es wollten oder nicht. Inzwischen ist alles etwas auseinandergerückt, damit man besser miteinander reden kann. Ein Haus engerer Wahl – nahe der Bonner Innenstadt und des Regierungsviertels – ist der seit dem Frühjahr umgebaute und herausgeputzte *Königshof*. Lobbyisten, die Mitglied im *Amerikanischen Club* – am Rhein oberhalb der Südbrücke – sind, laden gern nach dort ein, nicht nur, weil das preiswert ist. Der Club hat auch einen Ruf als interessante Begegnungsstätte.
Das *Bundeshaus-Restaurant* könnte in seiner zentralen Lage ein begehrter Treffpunkt sein. Es ist jedoch aus Sicherheitsgründen nicht immer geöffnet; nur außerhalb der Sitzungswochen des Plenums. Kulinarisch verlockend ist dieses Restaurant, das gastronomisch eine schwierige Aufgabe darstellt, gewiß auch nicht. Stammgäste sind Abgeordnete, ihre Mitarbeiter und Journalisten, die hauptsächlich die Kommunikation suchen, weniger dem Duft der Küche folgen.
Wer dem Dunstkreis des Regierungsviertels entfliehen möchte, besucht Kosthäuser französischer Küche: *Schaarschmidt* im Schatten der Remigius-Kirche, *»Le Marron«* in der Nachbarschaft des Bundeswirtschaftsministeriums, wo auch »der Graf« höchst persönlich zu speisen pflegt. *»Petit Poisson«* am Gericht und *»Chez René«* an der Bonner Straße in Sankt Augustin. Auch im *»Wirtshaus St. Michael«* in Godesberg läßt es sich gut einkehren. Daß in all diesen Restaurants »auf Spesen gegessen wird«, läßt sich allein daraus ersehen, daß sie sonntags und in der Sommerpause wochenlang geschlossen haben. Als Haus für ein ruhiges Gespräch bei schmackhafter Kost wird von Lobbyisten auch das *Hotel Rheinland* in Godesberg empfohlen. Es ist auch bekannt als Prominenten-Treff von SPD-Politikern. Das *»Herrenhaus Buchholz«* im Vorgebirge, sechs Kilometer vom Stadtinneren entfernt, in Alfter, steht ebenfalls als Adresse in Notizbüchern von Lobbyisten.
Auswärtige, vor allem Ausländer, suchen rheinische Folklore. Darum werden sie eingeladen ins *»Höttche«* neben dem Bonner

Rathaus oder in den *»Bären«* am Remigiusplatz. Wer seinen Gästen das Erlebnis vermitteln möchte, daß der Rhein »so schön« ist, wird in der Weinstube der Godesburg den Tisch decken lassen.
Eine Institution der Bundeshauptstadt – auch für Lobbyisten – ist immer noch das *Weinhaus Maternus* in Godesberg. Fremde sagen ebenso wie Bonner: »Wir gehen zu Ria«, zur Chefin Ria Ahlsen. »Man trifft sich dort«, um prominente Leute zu sehen und um gesehen zu werden. Freunde des Hauses bekommen es immer wieder durch Rias weit über Bonn hinaus bekannt gewordenes »Begrüßungs-Küßchen« bewiesen, daß sie hier eine Heimat haben. Ria Ahlsen beherrscht den richtigen Stil als »Wirtin der Bundeshauptstadt«, indem sie den Oppositionsabgeordneten genauso als König behandelt wie den Minister.

Mehr Pflicht als Freude

Indem man bei Tisch sitzt, lassen sich in Bonn – wie im Geschäftsleben – gelockert Meinungen und Informationen austauschen. Darum herum gibt es viele Veranstaltungen und Treffpunkte. Wer auf den Einladungslisten einen festen Platz hat, »auf dem Ticket steht« – wie das in Bonn heißt –, bekommt im Jahr an die *250 Einladungen.* Der Interessenvertreter kann davon nur wenige auslassen. Denn es könnte ja sein, sagt er sich, daß gerade bei dieser Veranstaltung maßgebliche Leute auftauchen, die man längst schon einmal wieder hätte ansprechen sollen. So haben Interessenvertreter ihr Stelldichein bei Vorträgen renommierter Gesellschaften und Clubs, ob bei der *Deutschen Gesellschaft für Auswärtige Politik* oder beim *Wirtschaftspolitischen Club,* bei den Parteien und Veranstaltungen der politischen *Stiftungen,* in den Vertretungen der Bundesländer oder in den *119 Botschaften,* in denen sich so gut Exportgeschäfte einfädeln lassen. Diese Bonner Szenerie ist ständig in Bewegung; und die Lobbyisten sind meistens mitten drin. Man trifft immer wieder dieselben Leute. Es sind alle von denen zur Stelle, die meinen, wenn sie erscheinen, seien alle da. In diesem Bonner Getto ist vieles mehr Pflicht als Freude. Aber der Lobbyist muß Stehvermögen zeigen. Dank dafür ist ihm nicht gewiß.

Das Diplomatische Corps (CD)

Gerhard Rainer

Die Angehörigen vieler Außenministerien müssen anläßlich ihres Dienstantritts eine Erklärung unterschreiben, in der sie sich verpflichten, sich jederzeit in jede Stadt der Welt versetzen zu lassen. Im Laufe der Karriere kommt man darauf, daß es sich dabei häufig nicht gerade um den angenehmsten Teil des Dienstverhältnisses handelt.

Für mich allerdings war die Versetzung nach Bonn Anfang 1972 eine erfreuliche Überraschung. Die Stadt war historisch in mancherlei Weise mit meiner Heimat Österreich verbunden. 1314 wurde im Bonner Münster der Habsburger Friedrich der Schöne zum deutschen König gekrönt. Der letzte weltliche Herrscher des Kurfürstentums Köln entstammte ebenfalls dem österreichischen Herrscherhaus. *Kurfürst Max Franz,* der Sohn der Kaiserin Maria Theresia, hinterließ in Bonn nicht nur die *Redoute* in Bad Godesberg; er war auch der Gründer der hiesigen *Universität.* Ihm war es auch zu danken, daß Beethoven nach Wien kam, wo er jene Ausbildung und jene Ambiance fand, die ihm die volle Entfaltung seiner künstlerischen Fähigkeiten ermöglichte. Wie viele andere sind auch Beethoven und seine Musik ein Beweis dafür, daß sich Kunst nicht in nationale Grenzen pressen läßt, wie dies in jüngster Vergangenheit versucht wurde. Nur nationalistische Spießbürger können sich um die Zugehörigkeit Beethovens streiten und ihn entweder für Wien oder für Bonn reklamieren.

Bonn war mir bekannt als bedeutende deutsche Universitätsstadt, das inzwischen eingemeindete Godesberg als Heimat der Lindenwirtin »Ännchen«, die auch Generationen von österreichischen Studenten inspiriert hat. Die Lieder »Warum ist es am Rhein so schön« und »O Du schöner Westerwald« werden in Österreich ebenso gesungen wie hier.

Die Hauptstadt der Bundesrepublik Deutschland ist für Diplomaten vor allem deshalb *attraktiv,* weil hier die wichtigen europäischen – und so manche *weltpolitische Fragen* mitentschieden werden. Dies sowie die engen wirtschaftlichen, kulturellen und persönlichen Kontakte – in der Bundesrepublik Deutschland leben an die *160.000 Österreicher,* was etwa der Hälfte aller Auslandsösterreicher entspricht – ließen einen österreichischen Diplomaten in Bonn eine interessante und ausfüllende Tätigkeit erwarten.

Einen kleinen Wermutstropfen bildete die gemeinsame Sprache. Die Kenntnis fremder Sprachen ist ein wesentliches Werkzeug des Diplomaten und ein nicht unwesentlicher Bestandteil der beruflichen Qualifikation. Aus dem westlichen Österreich stammend, konnte ich zwar hoffen, in rheinischer Umgebung besonderes Verständnis für meine alpenländisch geprägte Aussprache zu finden, doch mußte ich andererseits befürchten, daß meine Fremdsprachen leiden würden.

Heiß und feucht

Am 8. Mai 1972 bin ich in Bonn angekommen. Es war ein heißer und sehr feuchter Tag. Gleich zu Anfang bin ich so auf das hiesige Klima aufmerksam geworden, über das sich alle nicht hier Geborenen besonders beklagen. Bei Empfängen, Cocktails und ähnlichen Anläßen wird dieses Thema in allen denkbaren Variationen abgewandelt. Nach der hiesigen Lehre sollen gerade Frauen besonders unter dem Klima leiden, was mir bis heute nicht ganz verständlich erscheint, zumal nach der Bonner Statistik – auf 100 Männer entfallen immerhin 120 Frauen – die letzteren wesentlich bessere Überlebenschancen zu haben scheinen.

Ich persönlich war privilegiert. Durch den Föhn in den Alpen vorbereitet, machten meine Neigung zu sportlicher Betätigung und Spaziergängen in den nahen Wäldern des Kottenforstes und des Siebengebirges das Bonner Klima für mich nicht unerträglich. Ich habe sogar verstehen gelernt, warum sich im vergangenen Jahrhundert so viele Menschen in dieser Gegend niedergelassen haben. Das milde Klima und die liebenswürdige Umgebung geben Bonn einen Hauch des Südens – nicht zu Unrecht wird es als »der deutsche Tessin« bezeichnet. Besonders in der

Innenstadt glaubt man sich an schönen Sommerabenden nach Italien versetzt.

Abgesehen vom Klima ist es das kulturelle Leben – oder vielmehr das angebliche Fehlen desselben, was viel kritisiert wird. Ich vermag dem nicht beizupflichten. Dabei denke ich gar nicht an die Ausweichmöglichkeiten in den beiden nördlichen »Provinzstädten« Köln und Düsseldorf. Das hervorragend ausgerichtete *Rheinische Landesmuseum* gehört zu den Spitzeninstituten seiner Art in der Bundesrepublik Deutschland. Es wurde nicht zu Unrecht mit den Ausgrabungen des Römischen Xanten betraut. Abgesehen von den hervorragenden Gastspielen, wie den Berliner Theaterwochen, habe ich die Besuche von hier produzierten Opern und Theateraufführungen sehr lohnend gefunden – und das nicht nur, weil der Opernchef ein Österreicher ist. Aufgefallen ist mir, daß vielfach die heftigsten Kritiker des kulturellen Lebens kaum je eine hiesige Oper oder Theateraufführung gesehen haben. Karneval, den eigentlich nur ein Rheinländer wirklich verstehen kann, feiern die Einheimischen in erster Linie für sich. Sie erlauben aber auch den Zugewanderten mitzumachen. Zuschauer sind willkommen, doch sind sie nicht, wie in so vielen modernen Fremdenverkehrsgebieten, Zweck der Veranstaltung. Der Karnevalsbazillus erschien mir besonders bei den Umzügen ansteckend. Zunächst unbeteiligte und ernste Zuschauer beginnen sich im Laufe der Veranstaltung mit Alkohol zu stärken und – als ginge es um das eigene Leben – an der Jagd nach den »Kamellen« zu beteiligen.

Die »Einheimischen«

Je länger man in Bonn lebt, um so stärker erlebt man die konservative Grundhaltung der »Einheimischen«. Ähnlich wie in manchen Alpentälern muß man schon mindestens seit dem Mittelalter hier ansässig sein, um als echter »Bonner« zu gelten. Nicht untypisch ist die Bemerkung eines alteingesessenen Schweinheimer Bürgers – Schweinheim ist eine Fraktion des Stadtteils Bad Godesberg –, daß bereits »Fremde« die Organisation des lokalen

Karnevalszuges übernommen hätten. Zu meiner großen Überraschung handelte es sich dabei nicht etwa um Ausländer, sondern um einen vor einigen Jahren aus der 100 m entfernten Burgstraße zugezogenen Godesberger.

Die Wahl zur Hauptstadt der Bundesrepublik Deutschland hat Bonn überfordert. Gerade begannen sich erste Erfolge bei der Integration der Angehörigen der Universität mit ihren heute mehr als 18.000 Studenten zu zeigen, als mit der Bundesregierung eine neue Lawine von bis heute ca. *65.000 Beamten, Politikern, Journalisten und Diplomaten,* hereinbrach. Die ursprüngliche, von Regierungsseite kolportierte Hoffnung, daß es sich dabei um ein Provisorium handle, hat getrogen. Hoffnungslos in die Minderheit geraten, haben sich die Einheimischen vielfach in die innere Emigration zurückgezogen. Sie leben vornehmlich im Stadtzentrum, besuchen häufig Oper und Theater und verkehren möglichst unter sich.

Nachdem die traditionellen, zentralen Wohngebiete von den Einheimischen gehalten werden, haben sich die Zugewanderten in der Umgebung, vorzugsweise in den nach Groß-Bonn eingemeindeten Dörfern, niedergelassen. Ihre zahllosen Eigenheime sind sichtbarer Ausdruck ihres Wohlstandes und des deutschen Wirtschaftswunders. Im »Wohlstand« leben hier auch die Bettler. Sie sind relativ gut gekleidet, werden von Wohlfahrtseinrichtungen ernährt und beziehen meist eine leidliche Rente: Dies weiß ich von einem alten Weiblein, das mir eines Tages abriet, meinen Obolus in einen für Spenden aufgestellten Hut zu werfen, mit der Bemerkung, der Inhaber des Hutes, den sie von der Ausspeisung her kenne, beziehe ohnehin eine Rente von monatlich 700,- Deutsche Mark.

Die Diplomaten haben sich zum größten Teil nach Bad Godesberg zurückgezogen, dessen altes Ortszentrum inzwischen mit einer Rate von einem Haus pro Bulldozer pro Tag zerstört worden ist. Mehr als 120 Staaten haben ihre Vertreter nach Bonn entsandt und so sichtbar die Bedeutung zum Ausdruck gebracht, die der Bundesrepublik Deutschland in der Welt beigemessen wird.

Die »Zugewanderten«

Im Gegensatz zu den Altbonnern und den Angehörigen der Universität ist die Gruppe der Politiker, Beamten, Diplomaten und Journalisten weniger homogen. Dennoch verbinden sie, abgesehen davon, daß sie zumeist zugewandert sind und zum Teil auch nicht die Absicht haben, für immer zu bleiben, spezifische Eigenschaften, vor allem Karrierebewußtsein und Ehrgeiz. Gesprächspartner und Freizeitbeschäftigung werden in einem großen Maß nach dem Gesichtspunkt der Nützlichkeit für das eigene berufliche Weiterkommen ausgewählt. Als Maß für den persönlichen Erfolg gilt häufig die Zahl der im Büro verbrachten Stunden, wobei es vorkommen soll, daß Einzelne lediglich aus Prestigegründen mehr Zeit im Büro verbringen, als sie für die Erledigung ihrer Arbeiten tatsächlich benötigen. Nicht erfunden, sondern von einem Bundesminister erfahren habe ich, daß in einzelnen Ministerien Direktorenbesprechungen auch zu mitternächtlicher Stunde anberaumt werden. Sogar das Essen wird als störend empfunden. Mit der Erfindung der berühmten »Arbeitsessen« konnte aber auch dieses Problem – leider zu Lasten der hier ansonsten viel strapazierten Lebensqualität – zumindest leidlich gelöst werden. Ein sichtbarer Ausdruck dieser Mentalität ist der jährliche Presseball, wo man nicht zusammenkommt, um sich zu amüsieren, sondern um zu sehen, gesehen zu werden und Gesichtsbäder zu nehmen. Die Gemütlichkeit ist eine verkümmerte Pflanze, die trotz Karneval nur vereinzelt in kleinen Kreisen gedeiht. Obwohl man sehr viele Menschen kennenlernt, findet man nur selten wirkliche Freunde.

Fast so hektisch wie die deutschen Beamten arbeiten auch die in Bonn akkreditierten Diplomaten, die hier im Gegensatz zu vielen anderen Hauptstädten wenig Zeit haben für Freizeitvergnügen und zumeist bestrebt sind, Abendeinladungen nicht über 23.00 Uhr auszudehnen. Die hiesige Tätigkeit ist zwar hektisch, sie ist aber durch Entgegenkommen, Auskunfts- und große Kooperationsbereitschaft der deutschen Gesprächspartner sachlich und persönlich sehr befriedigend. Ich hatte bisher kein Problem, für das sich nicht ein bestens informierter und auskunftsbereiter Gesprächspartner gefunden hätte. Die manchmal auch kritisierte Bonner Transparenz hat sich meines Erachtens gerade in den internationalen Beziehungen besonders positiv ausgewirkt. Sie scheint mir auch dafür verantwortlich, daß die Welt heute ein besseres und objektiveres Bild Deutschlands hat als in der Vergangenheit.

Zum Zeitpunkt, zu dem ich dies niederschreibe, befindet sich Bonn in einem Übergangsstadium. Der Bundesminister für Raumordnung, Bauwesen und Städtebau hat dieser Tage erklärt, daß der Ausbau der Bundeshauptstadt bis zum Jahre 2000 abgeschlossen sein wird. Auch in den nächsten Jahren wird so manches Haus der Spitzhacke zum Opfer fallen. Aus der heute in ihren Bauten und in ihrer gesellschaftlichen Struktur noch sichtbaren liebenswürdigen alten Stadt am Rhein wird nach dem Jahre 2000 eine moderne Hauptstadt mit Regierungszentren, Hochbauten und Schnellstraßen entstanden sein. Dennoch wird es keine Retortenstadt à la Brasilia werden. Die Bonner werden im Verein mit den integrationswilligen Zuwanderern mit Unterstützung des Klimas und dem gewissen rheinischen Zug zur Unverläßlichkeit dies zu verhindern wissen.

Es wäre interessant, die Entwicklung Bonns weiter zu verfolgen. Nach fast fünf Jahren steht allerdings für einen Diplomaten die Versetzung sozusagen vor der Tür. Es ist wohl auch besser so, sonst besteht – besonders wenn man sich an einem Ort wohlfühlt – die Gefahr, daß man sich mit den Interessen des Empfangsstaates zu identifizieren beginnt.

Die Bindung an Bonn wurde mir erstmals so richtig bewußt, als mich einmal auf der Rückfahrt von Hamburg, beim Auftauchen des Siebengebirges das Gefühl überkam, wieder »zu Hause« zu sein.

Unsere Ministerialen

Lydia Grünther

Dienstmannen ...

Im Mittelalter hießen sie *Ministeriale oder Dienstmannen.* Sie waren die höchsten Beamten am Hof der Kaiser des Heiligen Römischen Reiches. In ihrer Hand lag die Reichsverwaltung. Der Adel, auf Kriegsscharmützel und auf die Mehrung der eigenen Macht bedacht, der hohe Klerus ebenfalls mehr an der Organisation von Bistümern und Klöstern interessiert als am selbstlosen Dienst für die kaiserlichen Finanzen, blieb den Kaisern nichts anders übrig, als sich ergebene Mitarbeiter aus den Reihen der unstandesgemäßen Unfreien zu rekrutieren. Diese Ministerialen waren zwar nicht adelig oder zumindest freie Männer, aber zuverlässig. Sie besaßen keine Burg, kein Land und konnten deshalb nicht in die eigene Tasche wirtschaften, sie waren jederzeit kündbar. Die Kaiser konnten zufrieden sein mit ihren sachkundigen, unbestechlichen, eifrigen, dem Leistungsdruck und Konkurrenzkampf ausgesetzten Beamten.
Nun hatten diese vorzüglichen Reichsverwalter binnen einiger Kaiserwechsel so viel für das Reich getan, daß die Kaiser nicht anders konnten, als ihre tüchtigen Beamten, einer nach dem anderen, aus Dankbarkeit für Verdienste, zum freien Mann zu erklären – und in den Adelsstand zu erheben. Einmal frei und geadelt, unkündbar im Amt, glänzend bezahlt, ausreichend mit kaiserlichen Ländereien versehen, ging es mit den erwähnten Tugenden der Dienstmannen rapide bergab. Der sattsam bekannte Schlendrian riß ein.

Preußen ...

Am nächsten kamen dem Ideal des treuen Beamten erst wieder die Preußen. Der *preußische Beamte,* so wie wir ihn heute noch sehen, war steif und korrekt, ohne Phantasie, unbestechlich, humorlos, pünktlich, absolut staatstreu, selbst nach Feierabend, rückte keinen Millimeter vom Buchstaben des Gesetzes ab, vor

Vorgesetzten mit zusammengeschlagenen Hacken strammstehend, die Untergebenen scheuchend, den Bürger von oben herab behandelnd, nie zuständig. Von dieser Vorstellung leben die Komödienschreiber, die Büttenredner im Karneval, die Witzseiten unserer Zeitungen bis heute.

Superbeamte ...

Wieviel Ähnlichkeit haben unsere bundesrepublikanischen Beamten in den Ministerien und Superbehörden in Bonn, Düsseldorf oder München noch mit ihren preußischen Vorgängern? Wir kennen zwar alle den Beamten im Ordnungsamt oder auf der Post. Aber die *»Beamten der Spitzenklasse«* sitzen nicht Auge in Auge mit der Öffentlichkeit am Schalter. Aus ihrer Anonymität treten die obersten Verwalter unseres Staates nur selten hervor, etwa, wenn sie in den Medien Stellungnahmen abgeben müssen, warum der Himmel über der Ruhr wieder grauer wird, allen bürokratischen Bemühungen zum Trotz. Wobei man sie unweigerlich an der verschachtelten Redeweise erkennt, mit der sich die Medienscheuen den Journalisten stellen, deren lockerer Redeweise sie zutiefst mißtrauen. Lieber sitzen sie im Verborgenen ihres Büros in einer der Glas- und Betonburgen.
Diese *Büros mit Einheitsresopalmöbeln* schmückt ab Ministerialrat ein Teppich von undefinierbarer Einfarbigkeit. Die Anzahl der höheren und höchsten Beamten, die in Palisanderschrankwänden und zentimeterhohem Teppichflor residieren, ist begrenzt; die Büroetagen der Landesministerien sind schlicht-geschmacklos, die Bonner notgedrungen etwas weniger scheußlich.

Wer es zum Beispiel noch nicht zum Gruppenleiter (Landeshierarchie) gebracht hat, verfügt auch nicht über eine Sekretärin, die ihn mit Kaffee, Terminkalender und makellosen Briefen verwöhnt. Mangels Sekretärin *fotokopiert er auch selbst* oder sucht Vorgänge, die im Chaos der Registratur oder der Kollegenschreibtische untergegangen sind. Die »Kleine Anfrage«, die ein Ministerialrat nach längerem Hin und Her schließlich »federführend« bearbeitet (Termin sofort oder noch schneller, die Abgeordneten sind die Könige, wenn auch von den Beamten ob ihrer mangelnden Sachkenntnis nicht für voll genommen), sondern auch die ganze Unterschriftenreihe bis zum Staatssekretär eigenhändig einsammelt, da die Mitarbeiter des gehobenen Dienstes für solche Botengänge nicht nur viel zu schade, sondern auch viel zu »beschäftigt« sind.

Mitarbeiter ...

Die Mitarbeiter, die immerhin die Spitzenpositionen des gehobenen Dienstes erreicht haben, führen im Ministerium ein Schattendasein. Zu keiner wichtigen Unterschrift befugt, unter ständiger Kontrolle ihres Referenten, bar jeder Verantwortung für ihre Arbeit, haben sie nur eins im Sinn: jede Arbeit, die Fingerspitzengefühl, längeres Nachdenken, aufwendige Vorarbeiten oder geschicktes Taktieren erfordert, an ihren Referenten weiterzugeben.

In einer ähnlichen Lage wie die Mitarbeiter befinden sich die *Hilfsreferenten.* Da sie aber als Akademiker im höheren Dienst in der berechtigten Hoffnung leben, in absehbarer Zeit zum Referenten aufzusteigen, übernehmen sie geduldig alle Arbeiten, die der zuständige Amtsrat ihnen zuschiebt und die der überlastete Referent, der seine eigene Arbeit, die seiner treuen Mitarbeiterschar und den unliebsamen Kleinkram seines Gruppenleiters auf dem Schreibtisch liegen hat, nicht mehr schaffen kann. An dieser Stelle kämpft sich verbissen der Hilfsreferent durch, bis er durch eine Beförderung wenigstens nach außen mit seiner Unterschrift dokumentieren darf, wie fleißig er ist.

Politprofis ...

Es ist nur bedingt wahr, daß alle Beamten ständig befördert werden. Gerade in den oberen Rängen der Bürokratie müssen Beförderungen, wie in jedem Beruf, hart erkämpft werden. Am meisten belästert wird – vor allem in der Öffentlichkeit – wenn das *richtige Parteibuch* bei der Besetzung einer wichtigen Stelle die entscheidende Rolle gespielt hat. Weit weniger publik wer-

den die Fälle, in denen die *unverbrüchliche Treue zur Beamtenbundmehrheit des Personalrats,* ohne den nichts läuft, den Ausschlag für die Beförderung gibt.
Echte Politprofis unter den Beamten haben nicht nur das richtige Parteibuch und immer neue Ideen, mit denen sie ihrem Minister oder ihrer Behörde die häufige Erwähnung in der Presse sichern (bei besten Beziehungen zu den Redakteuren). Ehrgeizig auf die eigene Karriere bedacht, mit direkten Verbindungen in die Ministerbüros und zu jeder wichtigen obersten Behörde, finden wir den Politprofi heute noch als *dynamischen Oberregierungsrat* in Düsseldorf, morgen schon als jüngsten Ministerialdirigenten in Bonn, übermorgen als Präsident einer Bundesbehörde in Berlin.
Neben diesen Blitzkarrieristen gibt es allerdings auch den zuverlässigen, in seinem Fachgebiet unschlagbaren *18-Stunden-Arbeiter.* Von ihm stammen die fundierten Argumente, mit denen der Minister im Parlament gegen die Opposition brilliert. Er leitet die Sitzungen mit aufmüpfigen Bürgerinitiativen, gegen deren alternative Diskussionstechnik seine exakten Formulierungen im besten Beamtendeutsch nicht durchdringen. Er verteidigt in Sitzungen zäh die Entwürfe des eigenen Hauses gegen die machthungrigen Übergriffe der anderen Behörden in seine Kompetenzen. Er feilt so lange an Gesetzestexten, bis sie unangreifbar sind.
Dieser unersetzliche Beamte, der am *Wochenende noch Reden für den Minister* oder *Vorträge für den Abteilungsleiter* entwirft oder in seiner knappen Freizeit Vorlesungen hält, glaubt fest daran, daß der Wink mit dem Parteibuch und die notorische Klüngelwirtschaft der politisch Gleichgesinnten eines Beamten unwürdig seien. Er sitzt an den Schalthebeln der Macht, ohne daraus persönlichen Nutzen zu ziehen. Bei einer gemeinsamen Fahrt mit dem Minister redet er über einen neuen Erlaß, nicht über seine Qualitäten als Parteifreund. Er kennt den maßgeblichen Mann der Gemeinde, der manchen billige Bauplätze verschafft, aber er wohnt in einer mittelmäßigen Mietwohnung, er geht Tag für Tag mit den Professoren um, die dem Sohn den begehrten Studienplatz beschaffen könnten, aber er kritisiert die

professoralen Gutachten in Grund und Boden. Als Angehöriger einer aussterbenden Beamtenrasse genießt diese Spezies eine gewisse Narrenfreiheit, zu der auch – in Maßen – Beförderungen gehören.

Juristen und ...

Lange Zeit blieben die *Schlüsselpositionen* innerhalb der Ministerien und Behörden den Juristen vorbehalten. Das hat historische Gründe. Die Juristen haben den Stil geprägt, der charakteristisch ist für die Beamten. Die mittlerweile recht zahlreichen Physiker, Betriebswirte, Soziologen und Ingenieure in der Beamtenschar haben aber nicht etwa für Auflockerung gesorgt. Von ihrer Ausbildung her nicht mit der juristischen Denk- und Ausdrucksweise vertraut (das Beamtendeutsch ist ja ein Ableger der Juristensprache), müssen sie sich diese offenbar schnellstens zu eigen machen, um sich gegenüber der Juristenphalanx zu behaupten, die davon ausgeht, daß nur ein Jurist ein guter Beamter ist. Denn nur, wer sich auskennt im Dschungel der Dienstwege, der Zuständigkeiten, wer weiß, wie ein Erlaß formuliert werden muß, damit ihn weder die lieben Kollegen noch die Betroffenen in der nächsten Sitzung zerreißen, kann als Beamter einigermaßen wirkungsvoll arbeiten.
Auch Minister ohne Erfahrung mit dem hochkomplizierten Beamtenapparat werden unversehens zum Sprachrohr der politischen Vorstellungen ihrer eifrigen Amtsleiter. Bekannt ist die Geschichte vom strammen CDU-Mann im Düsseldorfer Kultusministerium, der beinahe jahrelang die Schulpolitik der frischgebackenen SPD-Regierung torpedierte, da er immer einen passenden Gesetzestext oder eine Vorschrift fand, mit denen er den reformfreudigen Neulingen bewies, daß ihre Ideen rein rechtlich völlig undurchführbar waren.
Wie überhaupt die tägliche Produktion von Gesetzen und Erlassen zu den wichtigsten Aufgaben der Ministerialbürokratie gehört, nicht etwa das reine Verwalten. Die Verbissenheit, mit der bei interministeriellen Sitzungen ein Erlaß Wort für Wort »abgeklopft« wird, läßt vermuten, daß es um mehr geht als um die

Texte selbst. In der Tat geht es nicht nur darum, den Östrogen verfütternden Bauern etwa wirkungsvoll das Handwerk zu legen. Es geht gleichzeitig darum, *welches* Ministerium das überwacht, ob es dafür eine *neue Unterbehörde* geben muß oder ein *neues Referat* ... usw. Die Auswirkungen dieser sich selbst vervielfältigenden Arbeitsweise sind bekannt.

Erbmasse ...

Eine andere Tradition hat sich aus dem preußischen Klassen- und Kastenstaat in die Demokratie verirrt. Sie läßt sich merkwürdigerweise nicht ohne weiteres abbauen, obwohl sich niemand dazu bekennt. Da sieht man zur Mittagszeit Gruppen von Herren aus den Behörden zum Mittagessen gehen. Alles Kollegen. Aber zur einen Gruppe gehören die Abteilungsleiter, die Ministerialdirigenten (nur *blaue Anzüge*), zur anderen Gruppe nur die Oberregierungsräte bis Ministerialräte (*blaue bis braune Anzüge*), und in respektvollem Abstand folgen die Inspektoren und Amtmänner (*brauner Anzug oder Kombination*).
Ebenso getrennt fahren sie abends nach Hause, gehen sie nach Dienstschluß jede Gruppe für sich ein Bier trinken. Es scheint nicht möglich, diese Regel zu durchbrechen.
Fazit: In den bundesrepublikanischen Alltag der Bonner und der Landesbehörden haben sich aus preußischer Zeit »gerettet«: ein *Hauch von Standesbewußtsein,* der *Treueschwur* zum Staat, die *Lust,* alles und jedes in diesem Gemeinwesen per Gesetz zu ordnen, die *Unfähigkeit,* ab und zu über die eigene Berufsblindheit zu lachen, sich *verständlich auszudrücken* und das eigene Tun nicht für den *Nabel der Welt* zu halten.

Bonner Beamte – besser als ihr Ruf

Helga Henselder-Barzel

Man schimpft auf Beamte, auf die *zunehmende Bürokratisierung* des Lebens, rümpft die Nase über sie und tuschelt sich so manches zu.
Faul seien Beamte, spießig, spitzfindig und humorlos. Ohne Zivilcourage und dabei unkündbar. Ihr Blick reiche bis zum Tellerrand des Stellenplanes, der nächsten Beförderung, Gehaltserhöhung, Kur-Urlaub, Beihilfevorschriften. Allein den Paragraphen der strikten Einhaltung der Dienstzeit, ausgedehnten Spaziergängen und Shopping in der Mittagspause ergeben, lebten sie hinter den Zäunen ihrer wirklichen oder vermutlichen Kompetenz.

Akten für den Staub der Geschichte ...

Mit Bleistift und Papier richteten sie Unheil an, schüfen neue Probleme für neue Planstellen, produzierten Akten für den Staub der Geschichte – immer engstirnig, verbohrt und von oben herab, besserwissend ...

Fleißig seien Beamte, pausenlos beschäftigten sie Parlament, Exekutive und Regierung mit Referentenentwürfen und kontrollierten damit Parlament und Exekutive, setzten ihre Auffassung gegen die Politik durch und steigerten mit dieser Selbstbeschäftigung ihr Eigengewicht, ihre Ineffizienz, Leerlauf, Kompetenzgerangel.

Großzügig seien Beamte mit den Steuergeldern. Sie lebten nicht nur von den Stellenplänen, sondern auch von den Sachmitteln, die ihnen der Haushalt zuweise. Diese machten ihr eigentliches Gewicht aus, stärkten, wiesen aus, verschafften Autorität.
Das Reisefieber habe sie gepackt, je weiter je lieber und möglichst alleine. Das trickreiche Basteln an Dienstreisen im In- und

Ausland sei ein Lieblingshobby, strikt orientiert an Opernspielplänen, Ausstellungen, Konzert- und Schauspielleckerbissen, exotischen Fernen oder fernen Exotinnen. Da die Ressorts untereinander sich Verhandlungs- und Sachkompetenzen absprächen, besorgten sie sich für- und miteinander einschließlich der nachgeordneten Behörden – zur gegenseitigen Überwachung – Dienstreisen. Je größer die Zahl der vertretenen Ministerien und Behörden, je stärker und umfassender seien Kompetenz, Fachwissen und Überwachungsmöglichkeiten und die Reisekosten. Aber diese finanzierten ja die Steuerzahler.

Geizig seien Beamte. Gutem Essen und Trinken draußen nie abhold, regiere der Rotstift den häuslichen Herd. Einladungen liebten und suchten sie, aber ihr eigen Brot teilten sie nicht gerne mit anderen. Da müsse gespart werden. Nur ausnahmsweise treffe man auf andere.

Politisiert seien Beamte, ohne Zivilcourage und Verantwortung, angepaßt, ohne eigene Meinung, unentwegt darauf bedacht, die Aufmerksamkeit der Amtsleitung auf die eigenen Fähigkeiten und die Unzulänglichkeiten der Konkurrenz zu lenken. Durch Wohlverhalten werde Sympathiewerbung betrieben, Verantwortung würde gescheut. Was in der freien Wirtschaft der Wettbewerb sei, das sei im Beamtenleben das ständige Kreisen um A 16 und B 3, nach dem Motto: der A 16 in Referat II will auf die B 3-Position in Unterabteilung X. Manche sollen einen großen Teil der Dienstzeit zum Beklagen ihrer ungerechten Plazierung in der Hierarchie verwenden, ohne daß diese Selbstbeschäftigung zur Entkrampfung führe. Ein spezielles Verhalten sei halt in der Verwaltung Voraussetzung für Karriere, entsprechend dem Bonner Beamtenwitz: »Man stellt sich am besten tot. Der erste, der sich bewegt, hat verloren.«

Klassenbewußt und *hierarchisch* seien Beamte, streng bedacht, den Stand zu wahren und die Berührung mit den mittleren und einfachen Dienstgraden zu vermeiden. Der einfache Dienstler, der den gehobenen Dienstler z. B. um Mitnahme im Auto bitte, zum Mittagessen in die Stadt, weil die Kantine sommerlich pausiert, der verletze alle Regeln des Anstandes und Respekts, der übertrete unsichtbare, aber starre Grenzen und degradiere den Gehobenen. Beamte beschäftigen sich primär mit ihrer Karriere und dem Hausbau, natürlich während der Dienstzeit.

Fixiert auf Eigenheim

Das Eigenheim absorbiere oft ihre gesamte Arbeitskraft, Konzentration, Emotion. Alle Verordnungen, Verfügungen, Paragraphen, Vergünstigungen würden intensiv studiert, erwogen, abgeklopft, ausgeschöpft. Von einigen Botschaftern werde sogar berichtet, daß sie auf ihrem letzten Posten die Repräsentationsgelder eisern sparten, zusammenhielten. Sie würden nicht zur Mobilisierung des »good will« im Gastland eingesetzt, sondern fürs Eigenheim.
Diplomaten betrieben *intensive Kontaktpflege,* aber meistens unter ihresgleichen, vielleicht noch mit der hohen Ministerialbürokratie anderer Ressorts, manchmal auch mit Abgeordneten, aber kaum mit Entscheidungsträgern aus Wirtschaft und Kultur. Beamte seien *humorlos,* verbissen, spröde, verknittert, ohne einen Schuß Ironie oder ein Sensorium dafür. Manche hätten sogar Magengeschwüre, verursacht durch unterentwickelte menschliche Beziehungen, Gehäßigkeit, Neid, Rivalität, ständig ausgetragen in der Enge der Referate, ohne Chance zu entkommen. Nach Arnulf Baring hätten sich so drei Charaktergruppen entwickelt: jene mit »Geist und Wort«, jene mit »Öl und Dampf« und solche mit »Sand und Säure«. Bürokraten! Ausstrahlung, Verhalten, Charakter reflektiere Verwaltungsleerlauf, Bürokratenalltag, Paragraphen-Umwelt, Hierarchie, Furcht vor Verantwortung, Eigeninitiative, Zivilcourage. Der Berufsmantel sei zur eigenen Haut geworden, von der sie sich nicht mehr befreien könnten, auch nicht privat.

Regierungswechsel seien schlimm für Beamte. Das Problem sei die Wahl des richtigen Zeitpunktes, ab welchem man die Opposition hofieren und das Engagement für die vorherige Regierung als Notlage aufgrund der Umstände deklarieren müsse.

So kann man es hören!
Das mag es geben!
Genug der üblen Nachrede! Mir sind in »meinen« Bonner Ministerien diese Karikaturen nicht begegnet.
Zugegeben, auch in Bonner Ministerien gibt es diese und jene. Uns allen ginge es besser mit weniger Gesetzen, Formalitäten, Eingriffen, Genehmigungen, Mitteilungen, Auflagen, Abhängigkeiten, Nachfragen, Rückfragen, Überprüfungen. Weniger davon wäre gut für uns alle. Auch für die Beamten.
Unser *Staat funktioniert.* Er ist von draußen hoch respektiert. Auch die Opposition zu Hause bestreitet dies nicht. Unser Staat funktioniert als Rechtsstaat. Hier regieren, weil es nichts Besseres gibt, zuerst nicht dieser oder jener, diese oder jene Partei oder Koalition, sondern zuerst die Paragraphen, das Gesetz. Die Mehrheit beschließt die Gesetze. Die parlamentarische Mehrheit ist vom Volke gewählt.

Weder Scheuklappen noch Ärmelschoner

Wer Paragraphen (oder die, welche sie anwenden) kritisiert, sollte sich also zuerst selber fragen, ob er, warum er, wie er gewählt hat. Auch über Zahl und Qualität der Planstellen, die Politisierung der Beamtenschaft, entscheidet die parlamentarische Mehrheit. Die Beamten führen aus, bereiten vor, beraten, stellen Weichen und entscheiden. Umsichtig befragen sie, bevor sie amtlich raten. Und da kenne ich diesen Typ nicht – der mit den Scheuklappen der Kompetenz und mit den Ärmelschonern vor den Augen.
Die Beamten, die ich kenne, sind die *qualifizierten Experten* der Exekutive. Durch ihr Verhalten, Haltung, Auftreten und Fachkompetenz prägen und formen sie das Erscheinungsbild der Bundesrepublik im Ausland. Sie verhandeln, vermitteln, ringen und schlagen sich die Nächte um die Ohren für unseren Staat.
Tauchen die *Scheinwerfer der Öffentlichkeit* auf, so ziehen sie sich in den Hintergrund zurück, auch wenn sie die Verhandlungen inhaltlich führten, bestimmten, entschieden und die Interes-

sen der Bundesrepublik durchsetzten. Das Rampenlicht gehört den Politikern.
Die Beamten blicken schon klar und durch, weiter als Kompetenzen und Paragraphen verordnen. Sie wissen, wovon sie reden, warum sie fragen. Sie prüfen, bevor sie antworten. Erstklassige Fachleute sind da anzutreffen – viele haben im Ausland mehr Gewicht als zu Hause. Offen sind die Beamten, die ich kenne, hilfs-, dialog- und informationsbereit, kooperativ, bestrebt, die widerstrebenden Interessen zu einem fairen Ausgleich zu bringen, das Gesamtinteresse nicht aus den Augen zu verlieren.
Die funktionale Usurpation der Verfassungsorgane durch die Parteien macht vor den Beamten nicht Halt.
Der Apparat ist politisiert, weil die politische Mehrheit es so will. Darunter leiden vor allem die Beamten.
Die Einführung neuer Auswahlkriterien führt zu anderen Verhaltensnormen. Wer befördert, degradiert, ins Abseits schiebt des Parteibuchs willen zerstört, zersetzt Leistungsbereitschaft, Verantwortungsbewußtsein, Rückgrat, verschwendet Steuergelder und zerstört ein Stück Stabilität, Berechenbarkeit des Staates und moralisch, geistig, sachlich unbestechliche Ratgeber.

Meine Perspektive ...

Meine Bonner Perspektive mag *zu positiv* sein, verengt, einseitig. Denn die Beamten, die ich kenne, sind die Extrovertierten, die Weltoffenen. Man sagt: eine kleine Minderheit, eine Ausnahme, die beamteten Außenseiter, jene, die Bonn in Brüssel, Genf, New York, Wien – weltweit – vertreten; jene, die an der EG mitbauen, die gegen Protektionismus kämpfen, über Rohstoffe, neue Weltwirtschaftsordnung, Meeresbergbaurechte verhandeln und für die Freiheit der Märkte und Meere eine Verpflichtung ist.
Die Beamten, die ich kenne, können manchmal sogar lachen, sind kulturell, sportlich, gesellschaftlich engagiert. Nicht alle, aber die meisten. Sie sind *menschlich,* haben Freud und Leid wie

wir alle. Man trifft sie in Konzerten, im Theater, bei Vorträgen, beim Fahrradfahren, Schwimmen, Tennis. Vielleicht sind auch einige Bürokraten. Auch sie kommen mit ihrer Dienstzeit nicht aus, erreichen erst spät nach Feierabend ihr Zuhause. Wer dankt denen einmal für ihre Überstunden, ihre Leistungsbereitschaft, ihr Engagement? Deshalb: Danke!

Verbände verbinden Verbündete

Dieter Misch

»Die Verbände sind das *corps économique* für die moderne Demokratie« (Ernst Schneider).

Bonn ist ein *Phänomen* und gleichzeitig ein *Inbegriff* für vielfältige Assoziationen. Die Stadt ist nicht nur eine liebenswerte Wohn- und Arbeitsstätte. Sie ist auch ein äußerst fruchtbarer Nährboden für Ideen und Begegnungen. Nicht nur für das mehr oder weniger kreative Schaffen Einzelner, sondern auch für die Absichten Gleichgesinnter in Gruppen. Nun haben diese gemeinhin nicht nur die Absicht, sich ihrer Solidarität oder Sympathie zu versichern. Im allgemeinen streben sie danach, gemeinsame Interessen auch gemeinsam und damit auch schlagkräftig nach außen zu vertreten. Sollten sie dabei nach modernem Sprachgebrauch sogenannte »Anliegen« haben und diese wiederum bei anderen durchzusetzen versuchen, so belegt man dieses Tun über-, unter- oder angemessen bewertend seit langem schon mit dem etwas umstrittenen Namen »Verbändestaat«. Zu ihm – und dies wiederum im besonderen Maße in Bonn – gehören auch die Wirtschaftsverbände. Sie sind für die moderne, demokratische Willensbildung unerläßlich; sie streben vor allem danach, Verbündete zu suchen, zu verbinden und zu erhalten.

Merke: »Ein Verband gehört nach Bonn und der *Geschäftsführer muß ›in‹ sein«* (Dietrich-Wilhelm Rollmann).

Was zeichnet nun dieses, unser Bonn aus? Dies ist sicher eine reizvolle Stadt, in der fast jeder jeden kennt. Dies ist aber auch die ideale Mischung aus Weltstadt und Provinz. Und dies ist schließlich in ganz besonderem Maße die sogenannte Bonner Szene. Man kennt sich oder kennt sich nicht, trifft sich aber bei vielfältigen Gelegenheiten, hat sich – ob auf gleicher oder unterschiedlicher Wellenlänge – etwas zu sagen und stellt schließlich gemeinsam fest, daß es zwar nicht den Bonn-Konformisten, wohl aber in jedem für sich den Bonn-Formisten gibt. Daher bedarf es auch nicht – wie in anderen interessanten deutschen Städten – des Bonner Geburtsscheines, um überzeugt ausrufen zu lassen: »Ich bin ein Bonner!« Vom Bonn-Sympathisanten über den Bonn-Fan zur Liebeserklärung an Bonn ist es dann nur ein kurzer Weg.

Merke: »Bonn ist eine Stadt, die zur *Stellungnahme* herausfordert« (Werbe- und Verkehrsamt der Stadt Bonn).

In diesem Bonn leben und arbeiten neben vielen anderen Berufen auch die von manchem nicht klar zu definierenden, mindestens aber nicht immer konkret zu greifenden Verbandsgeschäftsführer. Um falschen Vorstellungen vorzubeugen und – allerdings auch in eigener Sache – richtigzustellen, ist der heutige Verbandsgeschäftsführer, deren es in Bonn ungleich mehr als an anderen Plätzen gibt, nicht mehr der »Verbandsmensch« alten Stils. Er ist zwar immer noch Interessenvertreter, doch fühlt er sich selbst eher als *Kontakter, Informant* und *Berater* denn als *Gruppenegoist, Pressuremanager* oder gar *Intrigant.* Dies gilt in ganz besonderem Maße, wenn er die Glaubwürdigkeit, Seriosität und Zukunftsträchtigkeit eines ganzen Wirtschaftszweiges zu repräsentieren hat. Daher ist dem folgenden Merke auch nur bedingt zuzustimmen.

Merke: »Der Syndikus wird von manchen als der *Zuhälter der Dirne Wirtschaft* angesehen« (Roland Risse).

Die emsig tätigen Verbandsgeschäftsführer in Bonn gehören in der weit überwiegenden Zahl und Qualität zu dem pluralistischen Erscheinungsbild von Wirtschaft und Gesellschaft; sie gehören durchaus anregend und notwendig dazu. Daher ist Otto Graf Lambsdorff sicher zuzustimmen, wenn er feststellt, daß es unter den Verbandsgeschäftsführern »so'ne und so'ne« gibt, die bisweilen wichtige Informanten sind, bisweilen auch solche, die einem die Zeit stehlen, und in Einzelfällen auch solche, die man wegen ihrer Unverschämtheit hinauswerfen sollte. Der »Marktgraf« geht aber sicher mit seinem Wunsch zu weit, daß man die Verbandsgeschäftsführer tunlichst von den Schreibtischen der Ministerialbeamten fernhalten sollte. Und nicht unumstritten ist sicher auch seine Forderung, daß man dafür lieber die »Unternehmer an die Front« schicken sollte.

Merke: »Den Sinn der Gedanken mancher Manager versteht man erst, wenn ihr *Verbandsgeschäftsführer sie kommentiert* hat« (Arno Sölter).

In der Rangskala der Bonner Gesprächspartner für die Wirtschaftsverbände stehen ganz zweifellos die Bundesministerien obenan. Nicht nur, daß es am laufenden Band eine Fülle von Sach- und Fachfragen zu besprechen gibt. Hinzu kommt auch, daß die Sachbearbeiter, Referenten, Unterabteilungsleiter und Abteilungsleiter der verschiedenen Ressorts sich durch überragenden Sachverstand auszeichnen und dazu noch – wegen ihrer umfassenden Detailkenntnisse – großen Einfluß auf Gesetzgebung und Verwaltung haben. Auch hier hat sich gegenüber früher eine geradezu klassische Wandlung vollzogen. Für die Verbände ist der Ministeriale heute eben nicht mehr das verlängerte, meist ungnädige Ohr der Regierung, sondern vielmehr der *vertrauensvolle Partner* im täglichen Geschäft der Sachentscheidungen. »Der Ministeriale – Dein Freund und Helfer« scheint dabei wiederum treffender als die folgende Sentenz.

Merke: »Die wichtigste Aufgabe eines Verbandes ist das regelmäßige *Ausschluchzen an der Brust des Staates«* (Ein pensionierter Verbandsfunktionär).

Die zweite wichtige Ebene für die Verbände sind Bundestag und Bundesrat. Die einen als die Botschaften ihrer Landesherren – die anderen als nur ihrem Wählerauftrag oder bestenfalls ihrem Gewissen unterworfene Repräsentanten unseres Volkes. Sie gewährleisten beide die *Rückkoppelung* zu den regionalen Fachproblemen wie zu den verschiedenen gesellschaftlichen Gruppen. Daher ist es nicht verwunderlich, wenn die Verbändeliste des Präsidenten des Deutschen Bundestages auf fast 200 Seiten mehr als 2000 Vertreter verzeichnet. Hearings, mehr oder weniger vertrauliche Gespräche und die allseits so beliebten Arbeitsessen mit den Vertretern der Ausschüsse und Arbeitskreise, der Fraktionen und Parteien haben naturgemäß einen großen Teil der Verbandsarbeit auszufüllen. Nicht selten kommt es dann zum berühmt-berüchtigten »Weinen auf Vorrat«.

Merke: »Parlamentarier, die tonnenweise mit Papier überschüttet werden, sind glücklich, wenn ihnen ein Mann begegnet, der sie über ein anstehendes Problem höchstpersönlich sachverständig, präzise und zutreffend informiert« (Arno Sölter).

Die »Dritte Macht im Staate der Verbände« wird gebildet durch die Presse und die elektronischen Medien. Hierbei wird von den Verbänden sehr unterschiedlich verfahren. Mal artikulieren sie sich laut – mal leise, manchmal aggressiv – manchmal ausgleichend, weniger verletzend – eher informierend. Für die Verbände könnte das Wort von Konrad Adenauer tödlich sein: »Machen Sie sich erst einmal unbeliebt, dann werden Sie auch ernstgenommen.« Verbände betreiben – wenn sie richtig beraten sind – über Pressekonferenzen und Pressestammtische bis hin zum legendären Presseball Public Relations im klassischen Sinne.

Merke: »Propaganda ist die Kunst, *anderen Menschen zu beweisen, daß sie unserer Meinung sind«* (Peter Ustinov).

Der Hinweis auf den Bundespresseball bringt die willkommene *Überleitung von den Public Relations zu den Human Relations* der Verbandsgeschäftsführer. Zu letzteren gehören nämlich auch die unzähligen Bälle, Parties, Vernissagen, Theateraufführungen, Konzerte und Sportveranstaltungen, bei denen er »mitmischen« sollte. Dies geht hin bis zum Bonner Karneval, bei dem nicht von ungefähr neben Horst Ehmke und Hans Dietrich Genscher auch Verbandsgeschäftsführer Mitglieder des Bonner Stadtsoldatencorps sind. Bei allen diesen Gelegenheiten treffen sich Commerz und Politik, Anliegen und Entspannung, Ernst und Fröhlichkeit. Auch auf diesem sprichwörtlichen Bonner Parkett werden neben musikalischen Takten auch Kon-takte gepflegt. So gesehen ist der Beruf des Verbandsgeschäftsführers ein 24-Stunden-Job.

Merke: »Erfolg haben heißt – die *richtigen Leute auf der richtigen Party zur richtigen Zeit* zu treffen« (Northcote Parkinson).

Die Bonner Szene in ihrer Gesamtheit stellt aber auch wichtige Anforderungen an den Habitus eines Verbandsrepräsentanten. »Bankanzug« und »Straßenanzug«, aber auch Smoking und Blue Jeans müssen zwar an verschiedenen Orten und bei verschiedenen Gelegenheiten, jedoch vom gleichen Mann überzeugend getragen werden. Gesellschaft und Wohlbefinden, Etikette und Persönlichkeit sowie die rechte Mischung aus Tradition und Progression entscheiden hier oft über »in« oder »out«. Selbstverständlich gibt die äußere Schale noch keine Garantie auf gesellschaftlichen oder beruflichen Erfolg, doch trägt der sprichwörtliche erste Eindruck viel dazu bei.

Merke: »Man empfängt den Mann nach dem *Kleide* und entläßt ihn nach dem *Verstande«* (Deutsches Sprichwort).

Die zehnte und letzte Impression eines Verbandsgeschäftsführers sei in wenigen Strichen den Titeln – Themen – Temperamenten gewidmet. Auch hier sind – zum Glück – nicht alle gleich. Einige Verbände schmücken sich mit Doktoren, andere mit Senioren. Eitelkeit oder Schlaksigkeit – das ist nicht die Frage. Wichtig ist vielmehr, daß der Sachverstand da ist, gepaart mit überzeugendem Auftreten und angereichert durch erworbene Glaubwürdigkeit. *Scheitern in diesem Geschäft wird allerdings der Einsame,* Erfolg haben derjenige, der die harten Verhandlungen ebenso sucht wie die gepflegte Geselligkeit. An dieser Stelle erlaubt sich der Autor, hochachtungsvoll dem Bonner Gesprächskreis seine Reverenz zu erweisen.

Merke: »Die gute Sache gibt auch Stoff und Kraft zu guten Reden allezeit den Sterblichen« (Euripides).

Nach diesem Glaubensbekenntnis in, an und für Bonn merke Leser, der Du einen Verbandsgeschäftsführer in Bonn triffst: »Ein fortschrittlicher Verbandsgeschäftsführer hat das *Ohr an der Wirtschaft, die Nase in der Politik und den Mund am rechten Fleck«* (Arno Sölter).

Persönliche Referenten (PR): »His masters voice«

Hans Jörg Budischin

In jeder Metropole und insbesondere dann, wenn sie sich Hauptstadt nennt, gibt es *große Leute, kleine Leute, Arbeitsbienen, Drohnen, Entscheidungsträger und Wasserträger.* Bonn ist in dieser Beziehung keine Ausnahme. Und irgendwo zwischen diesen großen Tieren schwimmen im Meer der Zuständigkeitsvielfalt wie die Pilotfische am Hai die »Persönlichen«.

Hirtenhunde bellen, aber beißen nicht

Überall, wo *persönliche Macht* ausgeübt wird, wo politische, gesellschaftliche oder wirtschaftliche Entscheidungen fallen, sind sie zu finden – also, und gerade auch in Bonn. Und natürlich ist ihre Zahl dort, wo es ein Parlament gibt, wo Ministerien sind, wo Verbände existieren und Unternehmen bestehen, besonders groß. So vielfältig ihr Einsatzort ist, so unterschiedlich sind auch die Möglichkeiten und Grenzen ihrer Funktion. Ihre Aufgabe erfüllen sie dabei aus einer *Zuständigkeit* heraus, deren *Kompetenz sich auf die Einflußmöglichkeiten und den -willen ihres Chefs* gründet. Sie agieren – aber nicht im eigenen, sondern im fremden Namen. Wie Hirtenhunde umkreisen sie die »Herde«. Sie bellen, aber sie beißen nicht.
Gemeinsam ist allen diesen »Persönlichkeiten«, daß sie im *Vorraum der Macht,* sei es parlamentarischer, administrativer oder wirtschaftlicher Beeinflussung , angesiedelt sind. Dies ist die funktionale Seite ihrer Tätigkeit. Darüber hinaus ist ihr Handeln ganz auf ihren Chef ausgerichtet und damit ihre (berufliche) Existenz von sehr persönlichen Implikationen abhängig.
Der Berufsstand der »Persönlichen« ist so gesehen im Einzelschicksal wenig kalkulierbar, paßt nicht in die gültigen Muster von Beförderungsregeln und Tarifklassen. Es haftet ihm in dieser Beziehung ein archaisches Gepräge an.

Und alt, ich sage nicht ehrwürdig, sind die Dienste der »Persönlichen«, wenn man sich einmal die einzelnen Facetten ihrer Tätigkeiten betrachtet, in der Tat.

Die »lustigen Räte«

Mit einem sicheren *Gespür für den rechten Zeitpunkt,* die Griechen haben dafür das schöne Wort »kairos« geprägt, sollen sie ihre Herren und Meister über wichtige Vorgänge aufklären, ihnen Informationen zukommen lassen, Kritik äußern und Gedanken entwickeln. Sie ähneln darin stark den »lustigen Räten«, die bei den Griechen und Römern bekannt waren und bei uns seit den Kreuzzügen in Europa an den Fürstenhöfen dienten. Ihre Schicksale sind so heterogen, wie ihre Aufgaben waren und heute noch sind. Sie konnten (können?) Einfluß erringen wie ein Kunz von der Rosen am Hofe Maximilians und sie stehen gleichermaßen in der Gefahr, zur traurigen Gestalt zu werden, ohne daß Streitsucht und Trunkenheit hierfür verantwortlich sein müssen, wie bei Jakob Paul Freiherr von Gundling im Tabakskollegium Friedrich Wilhelm I.

Die »Persönlichen« sollen des weiteren beraten und mithelfen, die Geschicke des jeweiligen Hauses und damit die ihres Chefs langfristig abzusichern. Was liegt folglich näher, als in ihnen die legitimen Erben der »geheimen Räte« und der Mitglieder der nicht minder »geheimen« Kabinette zu sehen, ohne die das persönliche Regiment so mancher hoher Herren der Geschichte nicht denkbar gewesen wäre? Allzu oft wird dieser Vergleich heute nur mit dem negativen Hautgout der Geheimniskrämerei und der undurchsichtigen Einflußnahme auf die Arbeit sachkompetenter Aufgabenverwalter herangezogen.

Schließlich dienen die Mitglieder dieser Innung der »Persönlichen« schlicht dazu, die vielen »phlyaria« (Nichtigkeiten) bei der Tagesarbeit in der Chefetage mit abtragen zu helfen. Die Versuchung, dabei mangels inhaltlicher Zuständigkeit in der reinen Form zu erstarren, ist nicht minder groß, wie die Gefahr, der seinerzeit die Träger der Erzämter erlagen. Als inhaltslose Hülsen fanden all diese Ämter der Kämmerer, Marschalle, Kanzler,

Schatzmeister, Truchseß und Schenke 1806 unter dem Fallbeil einer neuen Zeit ein rasches Ende.

Erinnern wir uns: Die lustigen Räte wurden von der französischen Hofsitte des 18. Jahrhunderts verdrängt. – Im streng formalen Rahmen der Verwaltung war kein Platz mehr für sie. – Die geheimen Räte verschwanden, als neben dem Wissen um die Gewaltentrennung die Gewaltenteilung Verfassungswirklichkeit wurde. So gesehen sind die Inhalte und ist damit die Einrichtung der »Persönlichen« in unserer gesellschaftlich so aufgeklärten Zeit in gewissem Sinne ein Anachronismus.

»Zauberlehrlinge«

Daß es sie dennoch gibt, läßt sich nur vordergründig damit erklären, daß es zu jeder Zeit »Zauberlehrlinge« gab und geben wird, daß es immer berufliche Wanderer gibt, die in ihrem Tornister einen Stab herumtragen, von dem sich erst noch herausstellen muß, ob es der berühmte Marschallstab oder nur die Krücke für den Fußkranken auf dem beruflichen Lebensweg ist. Die tiefere Begründung dafür, daß sich die Einrichtung der »Persönlichen« als so lebensfähig über die Zeiten hin entwickelt hat, dürfte vielmehr sein, daß persönliche Dienste sich eben nur sehr schwer in moderne Organisationsstrukturen einzwängen lassen und es bei all der Technisierung und Funktionalität des heutigen Lebens auch im Beruf der Einzelnen und seine Urteilskraft entscheidende Faktoren für den Erfolg sind. Dabei erweist sich die Aufgabenstellung, *»Alter ego« ihrer Chefs zu sein und zugleich die eigene Persönlichkeit* zu bewahren, nur als vermeintlicher Widerspruch.

So gesehen ist die vordergründige und sehr formal im Tagesgeschäft augenfällige Funktion des »Persönlichen« recht menschlich zu begründen, und dies mag mit mancherlei Attitüden ihrer Vertreter gerade auch in Bonn versöhnen.

Sekretärinnen: Freud und Leid

Ingeborg Lenzen

In Bonn bei hoher Politik
bricht sich gar mancher das Genick.
Drum hört ein guter Diplomat
auch auf der Sekretärin Rat.
Denn wer beim Chef noch fröhlich winkt
zeigt sich bei ihr ganz ungeschminkt.
Hier gibt's die Forschen und die Leisen,
die Troublemaker und die Weisen.
Manchmal trifft sie sie auf Empfängen,
wenn um die Prominenz sie drängen
dann kommt es vor, daß sie erkennt,
daß manche Menschen Welten trennt!
Wer gestern ihr die Hand noch küßte,
sie hier nicht einmal mehr begrüßte.
Jedoch auch dies trägt sie gelassen
wie andern Ortes Kaffeetassen,
die sie in Sitzungen serviert
und doch an Anseh'n nicht verliert.
Hat sie doch eine Garantie:
Ihr Chef hält sie für ein Genie!
Er weiß, daß sie zur gleichen Zeit
Verschiedenes zugleich betreibt.
Wenn er's verlangt ganz unumwunden,
wird er mit Zwei'n zugleich verbunden,
sie spricht auf beiden Apparaten
mit Herren aus verschiedenen Staaten
und möchte ungestört er bleiben,
wird sie die halbe Welt vertreiben.
Um alles wohl für ihn zu fügen,
hört man sie manchmal munter lügen.
So hilft sie ihm die Arbeit tragen,
in guten und in schlechten Tagen.

Unser Goldenes Kalb: Der Ego-Kult am Ich-Altar

Heinz Commer

Spätestens hier sollte erwähnt werden, wie dieses Buch »fabriziert« wurde. Nach unserem »Appell« meldeten sich unerwartet viele Autoren. Für uns Freude über die engagierte Kreativität nicht nur unseres Kreises, sondern »unseres« Bonn. Nur *ein Punkt* machte uns ein wenig *Sorge:* Wir hatten dieses Buch auf Provokationen abgestellt. Und Provozierendes – auch dies ein Bonner Faktum – wird zwar in jeder Bonn-Sekunde mündlich im politischen oder privaten Small-Talk geäußert, aber – Vorsicht: »Feind hört mit« – kaum je zu Papier gebracht. Aber auch hier überwand sich unser Autorenkreis – es gibt keinen Beitrag, der nur Positives bringt. Aber die zusammenfassende, den Kern erfassende Darstellung des »Unzulänglichen« – sie fehlte, mußte wohl fehlen. Und so bleibt nichts anderes übrig, als daß der Verfasser des »Krieges im Betrieb«, Autor der These, daß Bonns Apparate und Büros von ganzen 10 Prozent unersetzlichen Sachstrebern, bewegt werden, eine zusammenfassende Aussage macht. Nach langem Nachdenken kam er darauf, daß es eine Möglichkeit gibt, in die wirklich chaotische Masse des alle Bonner Arbeitstäter täglich überflutenden Unschönen eine gewisse Ordnung zu bringen. Man kann sie zweiteilen in 1. Scham- und Charakterlosigkeiten und 2. Dummheiten.

Scham- und Charakterlosigkeiten: Hier gibt es die Trilogie von Reden, Tun, Unterlassen. Reden: Nicht wenige haben *folgende Masche* bei ihren Urteilen über die Arbeit entwickelt und praktizieren sie Tag für Tag: Alles, was andere tun, ist schlecht und egoistisch. Alles, was man selbst tut, ist altruistisch und effizient. Handeln: Man behauptet, man tue alles aus sachlichen Gründen, opfere sich für den Staat, die Partei, den Verband, während jede Tat der anderen »natürlich« nur der eigenen Person dient. Ein Kunststück zwar, aber jeden Tag mit Erfolg realisiert. Auch Unterlassen kann man scham- und charakterlos praktizieren.

Man unterläßt alles, was einen in der Karriere nicht fördert. Daß man dabei seine Aufgabe, für die man bezahlt wird, oft nicht erfüllt – wen kümmert es, man verdrängt es einfach.
Unklugheit: Selbst die Intelligenten sind ihrer zu zeihen: Wer im Dunstkreis, im perpetuum mobile der Zentrale werkt, merkt nach kurzer Zeit schon nicht mehr, daß Bonn natürlich wie alle anderen Hauptstädte eine isolierte Insel sich selbst beschäftigender Arbeitssüchtiger ist. »Einer hackt Holz – zehn stehen dabei« – wie Tucholski sagte – das trifft auch heute noch zu, wobei Tucholski vergaß, daß alle 11 Bonner vergessen, daß sie in ihrem Tun, Reden und Unterlassen fast nichts mehr innerlich mit den übrigen Bundesrepublikanern gemein haben. Schon in Wesseling oder Remagen sind die Bonner Haupt-Themen – wer wird demnächst was und wer wird demnächst kaltgestellt – keine Themen mehr. Schon in Wesseling oder Remagen kennt man die feinen Unterschiede der Stufen des Bundesverdienstkreuzes nicht mehr. Schon in Wesseling oder Remagen weiß man nicht, ob und was die Einladung des Potentaten X zum Abendessen oder »nur« zum Empfang bedeutet. Schon in Wesseling oder Remagen kommt man wohl kaum auf den Gedanken und die Tat, die eine Mischung von Charakterlosigkeit und Dummheit war, nämlich sowohl der CDU wie der FDP und der SPD als Mitglied anzugehören, um vor allem zu Weihnachten Präsente aller drei Parteien entgegenzunehmen. So vor vielen Jahren geschehen von einem Portier des Bundeshauses.
Nachdem ich diese wenigen Beispiele Revue passieren ließ, sie mit Freunden durchsprach, wurde mir klar, daß sie keine typischen Bonner Schönheitsfehler sind: Tag für Tag kann man sie in allen Hauptstädten, in allen Metropolen unserer Industriegesellschaften beobachten und erleiden. Nur mit *den* kleinen Unterschieden: in Bonn als der politischen Zentrale treten alle diese Eigenschaften verstärkt, gebündelt und potenziert auf und – nicht zu vergessen – im Unterschied vor allem zu romanischen und latein-amerikanischen Ländern, erst recht zu den Vereinigten Staaten: heitere Freundlichkeit ist in Bonn Mangelware. Die Bonner Gefühlslage ist meist die der *kollektiver Griesgrämlichkeit.* Wer bewußt und gar betont lauthals freundlich ist, macht

sich höchst verdächtig: er will – so wird weithin angenommen –, wenn er gegenüber Herren freundlich ist, diese korrumpieren, bei Damen kann es sich nur um primitive, dubiose Annäherungsversuche handeln …

Jahrelang konnte ich keinen umfassenden Namen für dieses Negative finden bis ich vor kurzem in einem Aufsatz von Hermann Glaser ein Wort Martin Walsers entdeckte: Am Ich-Altar die Ego-Messe lesen zu wollen – das sei Lebensinhalt vieler tüchtiger moderner Menschen. In der Tat: Walser hat mit dieser Formulierung die Bezeichnung für das Goldene Kalb unserer Zeit gefunden.

Sollte dieses Wissen um zahlreiche widerliche Unzulänglichkeiten uns zur Resignation verleiten? Sollten wir uns nur mit dieser Feststellung zufriedengeben, etwas hybrid uns seufzend über die Schlechtigkeit dieser Bonner Welt im Sessel zurücklehnend, bitter mit Sartre sagen: l'enfer – ce sont les autres = die Hölle sind die anderen. Unsinn – denn auch in der Eitelkeit jedes Menschen steckt ein positiver Antriebsmechanismus. Unser Freund Barthold Witte hat recht, wenn er in einer Replik auf das Walser-Wort feststellt, daß gerade unser Dichterjubilar Goethe gar nicht un-egoistisch war, daß vielmehr bei ihm und vielen anderen ehrgeiziger, verständlicher *Egoismus zu viel Positivem führte …*

Bonner Einsichten

Hintergründiges in Momentaufnahmen

Auch für Bonn gilt: es sind die kleinen Dinge,
die das tägliche Leben und Arbeiten bestimmen

Persönliches

Bestiarium Politicum

... mit 'ner Prise einer
Brise aus der Krise ...

Armin Halle

Bonner Kreise ziehen solche; und dieser gehört dazu! Der Bonner Gesprächskreis – der ja derzeit in Bonn so ziemlich die einzige runde Sache ist – zählt im Werner Fin(c)k'schen Sinne ganz eindeutig zur radikalen Mitte.
Journalisten erheben ihn – wie sonst nur beim Papst und gekrönten Häuptern üblich – in den Plural. In Gazetten ist deshalb in liebevoll camoflierender Weise stets von »Bonner Kreisen« die Rede. Und das ehrt die, die dazugehören, aber auch die, welche glauben, dazu zu gehören. Denn Glaube versetzt Berge, und nur so ist zu erklären, daß Rhöndorf und das Siebengebirge auf der falschen Seite liegen.
Über die strategische Bedeutung Bonner Kreise hat bisher kaum jemand nachgedacht. Die NATO, die aus allem entweder ein Problem oder ersatzweise ein Geheimnis macht, hat mich einerseits ernüchtert, andererseits ermächtigt, diesen Komplex vor Gleichgesinnten anzusprechen:
Denn Bonn verfügt zusätzlich noch über den Verteiler-Kreis, der im Kriegsfall eine nützliche Ergänzung zum volkstümlichen Endenicher Ei darstellt. Sollten die Russen nämlich dank unterbliebener Nachrüstung über Helmstedt – Wanne-Eikel und Pützchen bis nach Bonn durchgekommen sein, zwischen Endenicher Ei und Verteilerkreis würden sie endgültig hängenbleiben. Die Hardthöhe werden sie ohnehin nicht besetzen wollen, wie es mir bekannte Geheimpapiere ausweisen (FAZ vom 30.2.1982!); die Sowjetmarschälle wissen nur zu gut: wenn das *Verteidigungsministerium ausfällt,* wird der Rest der Bundeswehr gefährlich!

Zwei Bonner Gruppen

Doch läßt sich vom Stadtbild und der Straßenarchitektur der Bundeshauptstadt vorzüglich eine Brücke schlagen zur Politik, bzw. was davon noch übrigbleibt. Der Verteilerkreis ist nämlich der einzige Bonner Kreis, der noch etwas verteilen kann. Der Rest Bonns, das gesamte politische und gesellschaftliche Bonn zerfällt in zwei etwa *gleichstarke Gruppen: 1. in die, die nichts mehr haben und 2. in die, die nichts mehr kriegen.*

Jedermann kennt doch das berühmte Werk von Clausewitz mit dem schönen Titel »Vom Kriege(n)« (Neuauflage übrigens von Georg Leber im Jahre 1980). In diesem Werk sagt Clausewitz unmißverständlich und eindeutig auf unsere Zeit weisend. Ich zitiere: »Die Politik ermöglicht die Fortsetzung des Kriegens auch ohne alle Mittel!« Da stehen wir, und wir können auch gar nicht anders.

Unser eng geknüpftes soziales Netz weist unterdessen die Qualitäten eines *Trampolins* aus. Viele machen damit größere Sprünge als es ihre persönliche Auslegung zuläßt. Das geht hoch, aber nicht gut! Allerdings beginnen manche sich der altmodischen Erfahrung zu erinnern, daß die Kraft zum Sprung nach oben auch aus den eigenen Beinen kommen kann. Doch ist man mit solcherart losen Gedanken schon bei der Therapie. Und wie in der hehren Welt der Medizin kommt *erst die Therapie und dann die Rechnung,* die wir im konkreten Bonner Fall nun wirklich nur mit Liquidation einigermaßen zutreffend umschreiben können.

Dem Entschluß, auch dem Entschluß, der in Bonn zu fassen wäre und der üblicherweise darin besteht, keinen solchen zu fassen, dem Entschluß hat die Beurteilung der Lage voranzugehen. Den Blick auf die sogenannte Feindlage können wir uns verkneifen, denn *Feinde* haben wir nicht. Und wenn doch, so werden sie mit der Bezeichnung *»meine politischen Freunde«* ebenso behende ins eigene Lager zurückkatapultiert. Zur Eigenschaft der politischen Freunde gehört es, daß man sie ungern woanders, auf keinen Fall aber bei sich haben möchte.

In Wahlzeiten: Herz auch für Kleinvieh

Dieses Verhalten des gemeinen homo politicus beobachten nun auch Zoo- und Zirkusdirektoren (Achtung: oft weit unter B 9 Beamtenbesoldung!) im Bereich der ihnen anvertrauten Vierbeiner. Es bestätigt zudem meine in einer Dekade Bonner Schaffens gewonnene Erkenntnis, daß Gültiges über die Anthropologie im Großraum Bonn nur in der *Welt der großen Tiere* gefunden werden kann. Gewiß erwärmen gerade diese in Wahlzeiten auch ihr Herz für Kleinvieh, welches ja bekanntlich auch Mist macht (dieser Satz muß gestrichen werden, sobald die Grünen bundesweit bei 5,1% liegen) – dennoch steht fest, die Lektüre der nachfolgenden wissenschaftlich erarbeiteten Ergebnisse wird jenen den Blick öffnen, die Politik bislang mit geschlossenen Augen gemacht haben. (Dieser Satz kann auch nach der nächsten Regierungsumbildung stehenbleiben!)
Das Phänomen »Bestie« kennen wir keineswegs nur aus der Welt der Politik. Ich verweise hier auf die vorliegende Literatur ad rem, in welcher z. B. der Kollege Brehm in seinem »Tierleben« empirisch belegt, daß unter Tieren gelegentlich stattfindet, was wir üblicherweise sonst nur beim *Disput der Doktoren Stoiber und Geissler* erleben können.
Zur Terminologie nur das folgende: bestiarium – die Ganzheit aller Bestien. Die Bestie, englisch »the beast«, also das Biest an sich, tritt in Beziehung zueinander ... es kommt zur Verbiesterung.
Im süddeutschen Sprachbereich kennen wir das »Viech«, oder auch »a Viach«; die Auseinandersetzung zweier oder mehrerer solcher wird zur »Viecherei«. Voraussetzung für die Viecherei ist also die Vielheit der Exemplare, ihr kommunikativer Verbund – letztlich also: die Union der Bestien!
An dieser Stelle sei mir ein Verweis auf eine eigene Beobachtung gestattet: Die These, daß fleischverzehrende, also reißende Bestien besonders gefährlich sind, ist wissenschaftlich nicht länger haltbar.
Im Gegenteil: Rindviecher, die *Kohl* langsam aber doch restlos verputzen, können verheerende Dauerschäden anrichten, die

uns allen einen wahren *Strauß* von Problemen vor die Tür stellen.
Dennoch sage ich – mit dem Blick auf einen möglichen Ruf nach München – gerne, daß ich sonst keinen Argwohn gegen Strauß hege. Denn der Strauß war immerhin schon auf der Arche Noah dabei, was man z. B. von Albrecht nicht sagen kann. Wie gesagt, die vergleichende Betrachtung aus der Tierwelt führt uns weiter. Für mich ist der Franz-Josef ein echter *Polarbär,* wegen seiner Vorliebe für *Polarisierung*. Der Bundeskanzler, von dem noch zu sprechen sein wird, sähe es sicher nicht ungern, wenn der Polarbär aus München in der Arktis bliebe. Denn wer Helmut Schmidt kennt, weiß, daß ihm der Rest der Welt genügen würde.
Helmut Schmidt, unter der Lotsenmütze eher zur Gattung der Wasserraubtiere (Pinnipedia) zählend, ist in Wahrheit eher auf dem Lande beheimatet, als Leithammel.

Leithammel und Leidhammel

Leithammel in doppelter Version: Mit »t« wenn es darum geht, daß andere tun, was er für richtig hält und mit »d«, wenn Frau Loki zweimal hintereinander im Schach gewinnt. Er spielte ja unlängst gegen Schachcomputer. Die Industrie hätte ihn darum gern als Ingenieur für Fehlerquellensuche. Denn, wenn der Schach-Computer gegen Helmut Schmidt gewinnt, muß der Computer kaputt sein.
Es ist kein Wunder, daß das Schmidt'sche Gehege unmittelbar hinter der Konrad Adenauer-Allee liegt. Denn wer heute wie damals dem Leithammel ins Gehege kommt, findet sich wenig später zum Würstchen verarbeitet wieder. Das Schmidt-Gehege tritt uns als BK gegenüber. *BK steht hier für Bestien-Kabinett.* Das erste Stück, das Kabinettstück dieses Kreises, ist das Leittier selber. Aber die dort sich versammelnden Bestien beweisen, daß auch die Tiere sich gelegentlich in Selbsterfahrungsgruppen zusammenschließen.
Da kommt der *Widder Genscher* immer wieder und verlangt, man möge seinen *Pelz waschen, ohne ihn naß zu machen.* Da

verteidigt der *Gamsbock Ertel* die heilige Kuh, weil das Kabinett ohne Milchwirtschaft gar keinen Käse mehr machen könnte. Da schreitet gravitätisch wie ein *Kakadu der Lambsdorff* ins Gebäude – und das ganze Areal wird solcherart zum Hoheitsgebiet.
Doch kehren wir zurück zum Leithammel und wenden uns einem seiner Listen zu: Dem Hammelsprung.
Der Hammelsprung erfordert das gemeinsame Vorgehen der Mehrzahl der MdBs, der Masse der Biester, die uns als Pinguine erscheinen. Die Gleichförmigkeit ihres Äußeren entspricht auch ihrem sonstigen Sozialverhalten. Vorn haben sie alle weiße Westen, aber wer hinter ihnen Schutz sucht, sieht schwarz. Doch muß man sehen, daß die Pinguine im Hohen Haus auch manches recht gut verdaut haben: Hätten sie keinen Mist gemacht, so wäre keine Rose vom alten Konrad zur Blüte gekommen.
Im übrigen halte ich es mit dem Kollegen Goethe, der da gesagt hat: »Wer sich nicht selbst zur Bestie halten kann, der ist bestimmt nicht von den Besten!«
Aus fossilen Funden zwischen den Grundmauern längst vergangener Parlamente wissen wir, daß darin stets drei spielerische Unarten der Natur vorgekommen sind. Da gibt es zunächst die Gruppe der Wiederkäuer, die beispielsweise zwischen Freiheit oder Sozialismus grasend, stets dasselbe Zeug durchkauen, und dies, obwohl es auch den Nachbarrindviechern schon pausenlos hochkommt.

Die Abweichler

Wir haben sodann die Weichtiere, auch Abweichler genannt, wobei die Verwechslung mit dem der Schwarzwildfamilie zugehörigen Überläufer zwar möglich aber dennoch nicht statthaft ist. Der Abweichler zeichnet sich gerade dadurch aus, daß er zwar den Weg nach oben nicht aber eine Linie gefunden hat. Innerhalb dieser Spezies finden wir auch die Kriechtiere wie auch die Beuteltiere, vom Wissenschaftler nebenbei Marsupialia genannt. Wie der aufstrebende Jungpolitiker sitzt das Beuteltier im Bauchfell seines Gönners, lugt hervor und versucht die Physiognomie seines Parteivorsitzenden anzunehmen. Dabei stram-

pelt es ihm gegen die Eingeweide und versucht gleichzeitig, ihm an den Kragen zu gehen. Dabei wird es allerdings häufig arg gebeutelt, deshalb wohl auch sein Name.
Die dritte Gruppe schließlich, die unsere Aufmerksamkeit verdient, ist die der Lippenfüßler. So ist das Bonner Charme-Symbol, der Kußmund, in Wirklichkeit der Fehltritt des mittelrheinischen Lippenfüßlers.
Er ist frei nach Brehm ein Tier, welches – erstmalig in Bad Lippspringe nachgewiesen – so tief hinter einem hohen Tier herläuft, daß seine Lippen auf dem Boden schleifen. Bei Politikern ist der Lippenfüßler auch ein solcher, der so häufig auf seine Mundwerkzeuge gefallen ist, daß er nicht mehr hoch kommt.
Lippenbekenntnisse sind zum Beispiel jene Äußerungen, die bei *landsmannschaftlichen Treffen* gerne abgesondert werden. Sie sind also endliche Phänomene, das heißt, sie gehen eines Tages im allgemeinen hupka, hupka täterä unter.

Schräge Vögel

In der Politik gäbe es noch eine ganze Reihe eigen- und abartiger Tierarten. Da gibt es so manchen schrägen Vogel, der längst hätte fliegen müssen und trotzdem noch mitten im Mandate sitzt, da gibt es die ein oder andere *Wühlmaus,* die man längst vergessen hätte, – von Maulwürfen gar nicht zu reden, denn Albrecht hat sich das Thema Tiefbohrungen ein für allemal verbeten.
Meine Zusammenfassung reicht von *Verheugens Enten* bis zum Elefanten im Porzellanladen. Die Ente – bei FDP-Generalsekretär Verheugen schon zum Haustier erhoben – ist für den Wissenschaftler das ideale Wappentier der Freien Demokraten. Sie hat's faustdick unter dem Gefieder, sie kann flattern wie sie will, sie kriegt immer ihr Fett und trotz aller schweren Duschen bleibt sie immer oben. Nur in einem Punkt unterscheidet sich die Ente von den Liberalen: Bei der Ente schwimmt der Nachwuchs meist in einer Linie zum Muttertier.
Ethymologisch nah verwandt jedoch genealogisch weit entfernt von der Ente ist die Zeitungsente. Die Zeitungsente stammt nicht vom Pferd ab, obwohl die Häufigkeit ihres Vorkommens

beim Springer dies nahelegt. Sie entsteht entweder als Folge journalistischer Schlamperei oder schlicht auf Weisung von oben.

Nun ist in Bonn das Oben und Unten weit weniger interessant als das Drunter und Drüber. Und in letzterem kommt dem Bonner Gesprächskreis eine beinahe historische Aufgabe zu. Denn auch dieser Kreis hat – mathematischer Theorie folgend – Ecken und Kanten, die sich im Verlauf seiner mittäglichen Zusammenkünfte jedoch so abschleifen, daß auch nach dem Dessert noch geredet wird.

Dieser fundamentale Unterschied beispielsweise zu Kabinettsrunden läßt auf eine gedeihliche Entwicklung schließen. Dieser Kreis hat Aussicht, die *eigene Quadratur* zu erleben. Und wer würde in Bonn nicht gern mal ein Erlebnis haben.

Adel

Rudolf v. Steiner-Haldenstätt

Er hat einen Platz, ist etabliert. Ihm anzugehören ist *kein Vorteil,* aber auch *keine Schande.* Er genießt auch hier keine Vorrechte, was dazu führt, daß er sich auch keinen *dritten Stand anschafft, der ihn später guillotiniert.* Er muß sich, wie alle und alles, auch in Bonn bewähren, und da kommt einem unwillkürlich das Schillerwort in den Sinn: »Gemeine Naturen zahlen mit dem, was sie tun, edle mit dem, was sie sind.«

Droge: In-Se-In

Ingelore M. Winter

Das In-Se-In ist die Droge der *Drogen unter den Drogen,* die in Bonn zunehmend grassiert. Es unterscheidet sich von den bekannten Rauschmitteln dadurch, daß es nicht verboten ist und gerne von Nicht-Jugendlichen, von Männern und Frauen mittleren Alters eingenommen wird. Wer an ihr nascht, bleibt ihr auf Lebenszeit verfallen, auch wenn die Droge im Laufe der Jahre einen leicht bitteren Geschmack bekommt, die Süße beim Schlecken, Naschen und Inhalieren etwas nachläßt.
Das In-Se-In läßt den Menschen in der großen Welt seine Kleinheit und Nichtigkeit für Stunden vergessen. Er wird ein *Teil dieser großen Welt.* Die Droge ist käuflich nicht zu erwerben; man muß sie sich erarbeiten, täglich, allabendlich. Dafür verspricht sie den höchsten Genuß: In-Sein. Ein Gefühl der Selbstzufriedenheit, des Beachtetwerdens, des Dabeiseins, wenn Zeitgeschichte und Weltgeschichte in der kleinen Stadt sich ereignet, breitet sich aus. Im Schein der Großen überfällt die kleine Existenz ein Bewußtsein von Bedeutsamkeit. (Die Droge soll auch bei den Großen der Welt verbreitet sein.)
In Bonn verbreitet sich das In-Se-In wie einst die Lustseuche, mit der sie von den Experten denn auch verglichen wird. Die Abhängigkeit steigert sich mit dem damit verbundenen Lustgefühl. Den Genuß kann man steigern wie die Dosis und die Intensität der Lust-Erfahrung, die besonders bei eitlen Menschen groß sein soll.
Wer das Bedürfnis nach dieser Droge kennt, der kennt auch die Angst um den Verlust von In-Se-In. Die Entzugserscheinungen sollen schrecklich sein, weshalb alle, die das In-Se-In bereits kennen, alles tun, um bei In-Se-In zu bleiben.
Wer die Droge In-Se-In entdeckt oder erfunden hat, ist genauso wenig zu erkunden wie den zu benennen, der sie zuerst in Bonn genommen hat. Sie ist mit keiner anderen Droge vergleichbar. Ihre Wirkung soll am Abend am stärksten sein.

Der Griff nach dem In-Se-In ist so legal wie die Beschaffung dieses einzigartigen Rauschmittels. In Mini-Dosen wird es schon mittags genossen, zum Beispiel, wenn sich im »Bonner Gesprächskreis« ein Kreis von Gleichgesinnten trifft.

Mode: Gratwanderung

Petra Katharina Foermer

Die kleine Universitätsstadt am Rhein, die unversehens 1949 gegen die Alternative Frankfurt am Main zur Kompromißhauptstadt wurde, hat von Anfang an das Sensorium, wie man sich kleidet, benimmt oder verhält, wo Frack, Smoking oder das »Kleine Schwarze« die richtige Kostümierung seien, kaum je gekonnt, in protokollarische Regeln umsetzen können.
Da ist der *Bundeskanzler* mit seiner unübersehbaren Abneigung gegen festliche Kleidung. Mit seiner als Markenzeichen hochstilisierten »Prinz-Heinrich-Mütze« als unübersehbarem Hinweis auf hanseatische Herkunft und die distanziert, unterkühlte Lebensart, die vorgeblich nicht am Rhein, sondern nur an der Elbe gedeiht; nicht nur ein Dokument hanseatischer Herkunft, sondern auch ein wenig Zeichen der Unbeholfenheit, wie sich diese Republik nach der Verunsicherung der Nachkriegsjahre jetzt als große Wirtschaftsmacht protokollarisch präsentieren soll. Die Schiffermütze aus Hamburg: Symbol einer neugewonnenen Selbstsicherheit? Allen Schiffermützen zum Trotz: der Trend zum Repräsentieren, zum Darstellen dessen, was man geleistet hat, findet zunehmend auch in der Kleidung Ausdruck.

Renaissance des Repräsentativen

Erste vorsichtige Schritte zu einer Renaissance repräsentativer Kleidung sind unübersehbar. Dabei gibt der Rückblick auf das Protokoll des Bundespräsidialamtes und vor allem der Bundespräsidenten ein nicht uninteressantes Anschauungsbeispiel für jene sehr sensible Phasen des Selbstverständnisses der Bundesrepublik, in denen man meinte – vielleicht auch des schlechten Gewissens und einer wenig vorzeigbaren Vergangenheit wegen – das *Protokoll auf kleiner Flamme* brennen lassen zu müssen oder zu sollen.
Vom liebenswürdig, manchmal unbeholfenen Heinrich Lübke,

über den allen Äußerlichkeiten abholden Gustav Heinemann, der sich dem Protokoll nur fügte, wenn es sich überhaupt nicht vermeiden ließ, zum weltmännisch-gewandten Walter Scheel, der nicht von ungefähr auch einmal »Krawattenmann des Jahres« wurde. Karl Carstens schließlich, vielleicht mehr ein Mann, der das Protokoll höher schätzt als seine meisten Vorgänger, beugt sich ohne erkennbaren Widerwillen formalen Zwängen. Ein Frack steht ihm besser als den meisten früheren Präsidenten, auch wenn man sich wünschen möchte, daß die First Lady gelegentlich einen anderen Hutmacher konsultieren würde.

Ausgebeulte Hosen

Der *Bundestag,* wenn man so will, die Vertretung des Volkes, kann kaum den Anspruch erheben, modisch das zu repräsentieren, was heutzutage in der Republik als »in« gilt. Bei vielen Bundestagsabgeordneten, denen reichliche Diätenzufuhr das Leben nicht gerade schwer macht, scheint die Vorstellung des britischen Understatement – was die Kleidung angeht – eher einem Mißverständnis zu erliegen: *ausgebeulte Hosen und abgewetzte Sakkos* sind gewiß kein Beweis für Stil, selbst wenn sie von einem Minister getragen werden. Nun haben es die Abgeordneten auch schwer. Denn sie können nicht so, wie sie wollen: Wie es sich in einem Staat gehört, der Verordnungen und Reglementierungen als selbstverständlich, wenn nicht gar für unerläßlich hält, gibt es auch für die Volksvertretung eine ungeschriebene Kleiderordnung, die u. a. besagt, daß »wer ins Parlament geht, der Würde des Hauses angemessen gekleidet zu sein hat«.

Krawatten-Leitfaden

Den Mitgliedern des Deutschen Bundestages, zur Hälfte direkt gewählte Vertreter des Volkes, ist es vielleicht nicht zu verdenken, daß sie im Parlament nicht so auftreten wollen, wie es den beamteten Parlamentsdienern vorgeschrieben ist: die müssen im Frack erscheinen! Die Frage, ob es für Abgeordnete mit der Würde des Hauses vereinbar ist, auch im *Hosenrock* oder im

Rollkragenpullover zu erscheinen, ist bislang nicht endgültig beantwortet. Die Mißbilligung des Parlamentspräsidiums hat Abgeordnete in diesem Punkt bislang mit voller Schärfe getroffen. Einzelfälle indes, in denen einige Non-Konformisten sich der vage formulierten Kleiderordnung des Bundestages widersetzten, wurden neuerdings zähneknirschend hingenommen. Nicht, wie wichtig man sich selbst nimmt, sondern wie man nach außen hin wirkt – und das heißt vor allem im Bonner Plenum, im allgegenwärtigen Medium Fernsehen, hat viele Abgeordnete in die verzweifelte und oft unlösbare Qual der Wahl geführt – »welche Krawatte ziehe ich an«? Nicht von ungefähr gibt es einen *Krawatten-Leitfaden,* der auf die besonderen Bedürfnisse des Fernsehens abgestimmt, den zumindest in Modefragen unsicheren Volksvertretern neuerdings Rat für ihr telegenes Auftreten gibt. Hochkonjunktur in Etikette und Protokoll ist der *Neujahrsempfang* des Bundespräsidenten in der Godesberger »Redoute«: keine Faux-pas, keine ungebügelten Hosen; hier wird Garderobe »comme-il-faut« verlangt: diskrete Eleganz. Für die in Bonn akkredierten großen und kleinen diplomatischen Exzellenzen ist die Neujahrsansprache des Bundespräsidenten nicht nur eine Rückbesinnung auf die politische Situation, sondern auch protokollarischer Höhepunkt. Für das liebenswerte, vielleicht ein wenig provinzielle Bonn, ist dieser Empfang einer der Glanzlichter, der zunehmend auch durch das öffentlich demonstrierte Selbstbewußtsein vieler Entwicklungsländer geprägt wird: Nationaltrachten und Fräcke, Stresemanns und Cuts sind dort gleichberechtigte Glanzlichter eines protokollarischen Höhepunkts.

Gratwanderung ...

Eine Demonstration der Eleganz, die zwangsläufig kontrastiert zur *biedermännischen Anpassung* oder der gedankenlosen Lässigkeit, mit der sonst im offiziellen Bonn das Thema Mode praktiziert wird. Kaum einem gelingt die Gratwanderung zwischen den leicht muffigen Blau-Grau-Produkten der Konfektion und dem geschmacklich abgründigen halbseidenen »overdressing«.

Dem Zwang zur Anpassung an das mittelmäßig Unauffällige haben bislang Wenige widerstanden. Den Weg des geringsten Widerstandes gegen eine vorherrschende Mode-Vorstellung müssen auch die meisten modebewußteren Damen gehen. Sie beugen sich – vielleicht oft mit unausgesprochenem Verdruß – den drei ehernen Gesetzen der gesellschaftlichen Zwänge: *nichts Auffallendes, nichts Außergewöhnliches, nichts Aufreizendes!*
Jedoch lassen erste farbige Tupfer auf der öffentlichen Bonner Bühne, auf Empfängen, in Amtsstuben, auf Vernissagen auf einen modischen Aufwärtstrend hoffen, der der Tatsache gerecht wird, daß Bonn inzwischen eine der wichtigsten Hauptstädte der westlichen Welt geworden ist, auch wenn die Bonner dies selbst eigentlich weder erwartet noch gar gewollt haben. Daß die Parlamentarische Gesellschaft ihre »Renovierung« in Anwesenheit des Bundespräsidenten mit einer Modenschau beginnt, ist für Bonn wohl bemerkenswert oder – wie es im Polit-Jargon heißt – »ein Schritt in die richtige Richtung« …

Industrievertretungen – Generationswechsel

Ferdinand Graf von Merveldt

Drei typische Fragen, die an einen Vertreter der Industrie in Bonn gestellt werden, zeigen wie oberflächlich und verschwommen die Vorstellungen von der Tätigkeit eines Industrievertreters in Bonn sind.

Der Mann auf der Straße, die Hausfrau, der Sachbearbeiter in der Firma: Sie sind Lobbyist? Wobei das erste, das zweite oder mit Entsetzen in der Stimme das dritte Wort der Frage betont gesprochen wird.

Der Karrieremann in der Firma, ein Funktionär einer Staatshandelsorganisation: Sie sind so jung, wollen sie *nicht erst noch arbeiten, bevor sie nach Bonn gehen?*

Die Ehefrau, der Staatssekretär im Auswärtigen Amt, der Kollege von der Bank, der Botschafter: *Wie lange werden sie in Bonn tätig sein?*

Der Vertreter der Wirtschaft, der Lobbyist in Bonn, bleibt umstritten. Ob geschmäht, gelobt oder mißachtet, er ist ein echter Bestandteil der Bonner Szene.

Die *Garde der ersten Stunde,* die erste Generation der Bonner Lobbyisten, begann ihre Arbeit in Minden, in Frankfurt und nach 1949 in Bonn. Die Vertreter der Wirtschaft rekrutierten sich aus politisch motivierten und engagierten Persönlichkeiten, aus erfahrenen und altgedienten Stäben des Militärs, der Administrative, Männern, die Ihre Aufgaben bereits verlassen oder verloren hatten oder eine neue suchten. Selten kamen die Vertreter der Wirtschaft *aus* der Wirtschaft.

Die Industrie begann nach 1945 mit dem ihr verbliebenen Know how und den Resten der zerstörten Infrastruktur den Wiederaufbau. Dies gelang nur mit starkem persönlichen Engagement jedes einzelnen Unternehmers. Es gab eine Vielzahl von Einschränkungen in der Bewegungsfreiheit, deren Beseitigung eine Interessenvertretung gegenüber den Regierungsstellen erforderlich machte. Im Vordergrund standen der persönliche Kontakt als Garant für unbedingtes Vertrauen ohne Hergabe von Garantien und Beweisen. Die Aufbauphase der Wirtschaft ist längst beendet. Das politische und wirtschaftliche Umfeld hat sich seitdem stark verändert.

Mit dem wachsenden Waren- und Technologieexport wurden die *Abhängigkeiten von Politik und Wirtschaft deutlicher und dringender*. Die Anforderungen, denen sich die Exekutive und Legislative in Bonn der Wirtschaft gegenüber aussetzen müssen, haben sich verändert. Das Ringen um die Beschäftigung in den Betrieben und der unbedingt notwendige Erhalt und Ausbau der in- und ausländischen Märkte erfordert die genaue Kenntnis der spezifischen Bedürfnisse der Unternehmen. Im Gleichlauf mit dieser Entwicklung begann der Generationswechsel des Industrievertreters in Bonn, der durchaus auch heute noch nicht abgeschlossen ist.

Die *neue Generation* der Vertreter der deutschen Wirtschaft in Bonn muß sehr konkrete Erfahrungen aus dem Vertrieb des In- und Auslandes, dem Betrieb, dem Management des eigenen Unternehmens mitbringen, wenn sie die hautnahen Probleme und Sorgen erfolgreich vortragen wollen. Als *Bonn-Sapiens* ist der *Lobbyist Sachverständiger, Informant, Verbindungsmann, Vertreter, Repräsentant und Diplomat* zugleich.

Der Mann in Bonn ist auch Kennzeichen der Einschätzung der Bonner Arbeit durch das Unternehmen selbst. Ob als Vorstandsmitglied oder Mitglied der Geschäftsführung, Direktor, Beauftragter oder »unser Mann in Bonn« vertritt er sein Haus durchaus im Bewußtsein der Gegebenheiten der eigenen Firma. Er weiß, was er seinem Unternehmen zumuten oder zutrauen kann. Nach außen hin versucht er, nicht aufzufallen, nimmt sich nicht ernster als notwendig, verhält sich zurückhaltend in der Öffentlichkeit und vorsichtig gegenüber den Medien. Er steht seinem Unternhmen zu nah, um als ein Prophet im eigenen Haus gelten zu können. Aber kaum ein Unternehmen hat ihren Mann auf die Aufgabe in Bonn vorbereitet. Die Firmen *delegieren, expedieren, beurlauben* oder *belohnen* ihren Mann, den sie nach Bonn entsenden.

Der Vertreter der Wirtschaft, der nach Bonn kommt, kann auch heute noch sich eine *Aufgabe selbst gestalten.* Er ist sich selber (Rahmen: abendliche Nachrichtensendung an einem beliebigen *und nichts.* In diesem Freiraum liegt auch der Reiz der Aufgabe. Andererseits ist aber der neue Mann in Bonn nicht einsam. Er trifft sich tagtäglich mit seinen Kollegen, mit neuen und alten Gesprächspartnern aus der Politik, dem Diplomatischen Corps, der Exekutive, den Verbänden der Industrie. Aus diesen Gesprächen erfährt er unzählige Anstöße für seine Tätigkeit. Ein teilweises früheres Konkurrenzdenken ist einem kollegialen Verhältnis gewichen: *Kränzchen, Kreise, Zirkel und Bünde* als Plattformen für freundlichen Austausch von Meinungen. Bei aller Skepsis, selbst aus dem Strauß Bonner Industrievertreter, bietet der Bonner Arbeitsplatz Einsicht, Einfluß und Freundschaft.

Der Lobbyist

Michael v. Buttlar

Laßt berichten mich von späten
Bonner Amts – und sonst'gen Räten,
die – weil sonst sie leer doch träten –
Auskunft sich direkt erbäten
ob z. B. bei Geräten,
die sie gerne kaufen täten
alles stimmt mit Technik, Drähten,
Preisen, Stärken, Novitäten.
Weil man jüngst auf Bonner Feten
– auf Kosten anderer Diäten –
von der sonst so vielgeschmähten
Konkurrenz – der Aufgeblähten –
Hinweis hätte – ungebeten –
daß beim Unkraut – Kostenjäten
leider Guts vom Gesäten
durch die Firma ward zertreten
zu Lasten ihrer Qualitäten …

Höflichst wird daher gebeten
gegenüber Amt und Räten
deutlich alles zu vertreten
was an diesen ganz konkreten
Fragen dran ist! – Ohne Gräten.
Wenn nun schon Formalitäten:
Bitte gleich die obsoleten
Fragen auch nach den Moneten!
Platzt der Preis doch aus den Nähten!!

So, da ham wir den Salat!
Denkt sich die Firma und der Rat.
Das ist der Fluch der bösen Tat:
Der Rat bekommt kein Aggregat,

die Firma keinen Auftrag hat.
Obgleich die Sache delikat,
scheint mir ne Lösung doch parat
sonst wär die Story ja auch fad.

Ein guter Lobbyist in Bonn
vermeidet solche Fehlaktion!
Er plant im voraus immer schon
für solchen Fall die Konzeption!
Berät die Firma mit Fasson
und auch den Rat im Amt in Bonn.
Sind beide überzeugt davon,
dann lohnt sich auch der Mann in Bonn!!

Aktionismus

Agenturmeldungen: nichts ist phantastischer …

Armin Grünewald

Nichts ist phantastischer als die Wirklichkeit – dies zeigen folgende Agenturmeldungen (O.T.) aus Bonn:

dpa 132 id

Wehner wünscht Opposition
segensreiche Arbeit

dpa 198 id

Union denkt

dpa 11 id

Situation und Schluß:
»Wir wollen nur eins:
nach Hause.«

Interview

(Rahmen: abendliche Nachrichtensendung an einem beliebigen Tag; Ort der Handlung: Flughafen Köln/Bonn)

Joachim Böttger

Nachrichtensprecher:
»Minister ... reist heute zu Verhandlungen über ... nach ...*. Unser Reporter hat den Minister vor seinem Abflug interviewt.«
Bildwechsel
Im Vordergrund der Minister und der Reporter.
Im Hintergrund eine Boeing/Bundeswehrmaschine. An der Gangway Delegationsmitglieder, der Persönliche Referent, der Pressesprecher, Flughafenpersonal.
An den spärlichen Haaren des Ministers zaust der Wind. Die schon laufenden Düsentriebwerke erschweren die Verständigung.
Reporter: »Herr Minister, Sie reisen jetzt zu Verhandlungen über ...* nach ...*. Trifft es zu, daß in dieser Frage noch erhebliche Meinungsverschiedenheiten mit Ihren Gesprächspartnern bestehen, und wie gedenken Sie, diese zu überwinden?«
Hält dem Minister das Mikrophon unter die Nase.
Minister: »Nun, Herr ... (Name des Reporters), ich habe die Absicht, die *Ziele unserer Politik sehr deutlich* zu machen, aber auch keine Zweifel daran zu lassen, wo die *Grenzen unserer Handlungsmöglichkeiten liegen.* Ich werde unsere Partner darauf hinweisen, daß eine *angemessene Lastenverteilung* eine der wesentlichen Voraussetzungen für eine erfolgreiche Zusammenarbeit im bilateralen Verhältnis / in der EG / im Bündnis / darstellt. Ich bin sicher, bei meinen Gesprächspartnern hierfür Verständnis zu finden.«

---

* Anstelle der Punkte können beliebige Namen, Themen oder Orte eingesetzt werden.

EIERTANZ INTERNATIONAL

Albrecht von Kienlin

Wer denkt, nachfolgendes Ergebnisprotokoll enthielte nicht die blanke Wahrheit, sondern sei der zu Papier gebrachte Alptraum eines durch zu zahlreiche Cocktails zerrütteten Bonner Lobbyisten, der irrt und kennt weder Bonn noch den eigenartigen Verlauf mancher sogenannter »internationaler«, sogenannter »hochvertraulicher« Gespräche.

Szene:

Sitzungssaal in einem Bonner Verbandshaus.

Bonner Akteure:

Vertreter von Unternehmen, Verbänden, Ministerien (telefonisch zusammengetrommelt mit dem Hinweis »eilig, wichtig und vertraulich«).

Vorsitzender:

Ein Verbandsvertreter.

Besucher:

Sogenannte hochgestellte Persönlichkeiten aus einem äquatornahen Entwicklungsland (Mundfunk: »Neffe vom Chef«).

Sprecher der Besucher:

Verfügt über hohe akademische Titel; gibt sich jedoch damit zufrieden, schlicht mit »Herr Präsident« angeredet zu werden.

Thema des Gesprächs:

Vertiefung der wirtschaftlichen Zusammenarbeit durch deutsche Beteiligung an Investitionen.

Einleitung des Vorsitzenden:

»Die deutsche Seite, die ich zu vertreten die Ehre habe, ist froh und glücklich darüber, Sie, sehr verehrter Herr Präsident, heute willkommen heißen zu dürfen. Wir sind sicher, daß wir mit Ihnen und den anderen Mitgliedern Ihrer hochrangigen Delegation nützliche Gespräche führen werden.«

Antwort des Präsidenten:

»Wir freuen uns über den herzlichen Empfang, den Sie, Herr Vorsitzender, uns bereitet haben. Auch wir erhoffen uns ein nützliches und fruchtbringendes Gespräch, das dazu führt, daß die bereits bestehenden engen und freundschaftlichen Beziehungen zwischen unseren Ländern durch konkrete Maßnahmen im beiderseitigen wohlverstandenen Interesse und zum Vorteil unserer Völker weiterentwickelt werden.«

Vorsitzender:

»Darf ich Sie bitten, Herr Präsident, uns die Zielsetzung Ihres Besuches mitzuteilen?«

Präsident:

»Ich möchte Ihnen die Realisierung konkreter Einzelmaßnahmen vorschlagen, die in beidseitigem Interesse liegen und auf der Basis partnerschaftlicher Zusammenarbeit durchgeführt werden sollen, wobei ich insbesondere an den Abschluß von Joint Ventures denke.«

Vorsitzender:

»Wir danken Ihnen, Herr Präsident, für diese Konkretisierung Ihrer Absichten. Wenn Sie gestatten, Herr Präsident, so möchte ich betonen, daß wir solche Gespräche stets ganz offen führen. Ich darf bemerken, daß die Presse selbstverständlich nicht über Einzelheiten dieser Besprechung informiert wird. Sie ist nicht anwesend, und Sie können sich auf die in Bonn übliche Vertraulichkeit ganz verlassen.«

Präsident:

»Es wird von mir sehr begrüßt, daß ich hier die Möglichkeit habe, offen und freimütig zu sprechen, denn nur so ist es möglich, zu den von uns gewünschten pragmatischen und realistischen Lösungen zu kommen, deren Ziel es ist, zum beiderseitigen Nutzen konkrete Ergebnisse – am besten in Form von Joint Ventures – zu erarbeiten.«

Vorsitzender:

»Wir Bonner freuen uns immer darüber, wenn es wie heute gelingt, in Gesprächen eine Atmosphäre des beiderseitigen Vertrauens zu schaffen; das ist die Voraussetzung für offene und pragmatische Gespräche, die zu echten und dauerhaften Ergebnissen führen sollen.«

Präsident:

»Im Zusammenleben der Völker ist der Stellenwert des Vertrauens und der Praxisnähe nicht hoch genug anzusetzen; die von Ihnen getroffenen Feststellungen entsprechen vollständig auch unser aller Beurteilung. Wie Sie, wollen auch wir heute die bereits bestehenden konkreten Ansatzpunkte der Zusammenarbeit auf allen Bereichen der Wirtschaft vertiefen und fortsetzen, wobei ich insbesondere an den Abschluß von Joint Ventures denke.«

Vorsitzender:

»Die deutsche Seite begrüßt, daß auch Sie unsere Beziehungen intensivieren wollen. Gestatten Sie mir, daß ich das von Ihnen bereits konkret Gesagte dadurch noch weiter konkretisieren möchte, daß ich Sie jetzt konkret frage: Auf welchen Gebieten sehen Sie Möglichkeiten der Fortsetzung unserer Zusammenarbeit?«

Präsident:

»Ich begrüße es, daß Sie mir diese Frage ohne Umschweife, freimütig und ganz offen stellen: Meine Regierung hat mich beauftragt, Ihnen mitzuteilen, daß wir auf allen Gebieten von Wirtschaft, Forschung, aber auch Kultur und Wissenschaft die Zusammenarbeit mit Ihnen nicht nur auf staatlicher, sondern auch auf privatwirtschaftlicher Ebene zum beiderseitigen Nutzen intensivieren und ausbauen wollen.«

Vorsitzender:

»Ich bedanke mich für diese eingehende Erläuterung Ihrer Absichten ...«

Fortsetzung des Gesprächs, festgehalten durch einen Protokollführer: 95 Minuten, Wiederholung der Worte »nützlich«, »offen«, »fruchtbar«, »konkret«, »wichtig«, »pragmatisch«, »praktikabel«, »partnerschaftlich« und »Joint Venture« je 25mal.

Danach ergab sich – angesichts von hilfreichen Geistern hereingetragener Schnittchen standardisierter Bonner Machart und wohlbedacht abgestufter Mischung deutschen Sekts mit südlichen Säften – für die schon matten Teilnehmer der Anlaß zum Abschluß des Gesprächs.

In einer etwa 10-minütigen Erklärung halten beide Seiten das konkrete Ergebnis der Besprechung durch folgende Formulierung fest, die sie als streng vertrauliche Information der Presse geben wollen:

»Beide Verhandlungspartner kamen am ... zu einem offenen, nützlichen und konkreten Gespräch zusammen, in dem der Wunsch zu einer engen Zusammenarbeit signalisiert und Ansatzpunkte für Anschlußgespräche deutlich wurden.«

Die Besucher dankten dem Gastgeber für die erwiesene Gastfreundschaft und den hohen Nutzwert des Gesprächs.

Nicht-Bonner und nicht eingeweihte Bonner werden kommentieren:

»Typisch Bonn: Phrasen-Gewäsch und Wiederkäuen abgedroschener Vokabeln, um Hohlheiten und Nichtigkeiten zuzudecken. – Da braucht man Sinn für Nonsens und für Tragikomik, sonst bleibt nur tiefe Frustration.«

Der Eingeweihte weiß es aber besser und denkt sich:

»Die waren aber froh, daß nichts Konkretes vorgeschlagen wurde! – Denn Geld für dieses Land?! – Man ist doch höflich, und wer sagt schon gerne nein!«

Oder:

»Für *die* Geschäfte, die *dieser* Präsident gern machen möchte, sind Dutzende von Ohrenzeugen viel zu viel! Wer hat sich wohl mit ihm dann später noch allein getroffen?«

Staatsempfang: P^X an Weiberfastnacht

Edith Kögl

Weiberfastnacht – in Bonn haben Bundespräsident, Bundestagspräsident, Bundeskanzler, Oberbürgermeister, natürlich auch Minister und Staatssekretäre, Verbandsobere und Kaufhausherren die Gewalt an die Damen abgegeben – an die Damen, die abgeschnittene Krawatten als Trophäen schwenkend ihre Chefs entmachteten.

Weiberfastnacht – in Bonn geht nichts mehr, mit einer einzigen etwas magischen Ausnahme: Staatsempfänge finden immer statt.

Hier ein Lehrbeispiel: Ein Potentat aus einem fremden, fernen, francophonen afrikanischen Land will just an Weiberfastnacht die Bundeshauptstadt besuchen und an diesem Tag Gespräche in einer Spitzenorganisation der Wirtschaft führen. Dabei kann man ihm nicht einmal böse sein: was weiß ein afrikanischer Potentat über die Naturgewalt fröhlichen, rheinischen, femininen Brauchtums?

Weiberfastnacht hin oder her: die prestigebewußte Spitzenorganisation erklärt sich bereit, wohl wissend, wie schwer dies mit ihren Mitarbeitern, erst recht den Damen zu Weiberfastnacht auch sein wird, den Gast »fürstlich« zu empfangen. Die »Zuständigen« werden verdonnert; Blumen bestellt, der rote Teppich ausgerollt. Ein *zäher Kampf* setzt ein: Porträts des Gastes werden nach zähem schwierigen Widerstand doch nicht aufgehängt: Wir lehnen in Bonn Personenkult ab. Es wird auch »vergessen«, ein Podest mit Sessel für den Potentaten zu beschaffen: in Demokratien sind auch Potentaten höchstens gleicher aber keine Götter. Ansonsten: 137 Dinge sind zu tun: Tischkarten, Blumen, Fahnen etc. etc. Während die übrigen Mitarbeiter des Hauses sich in vollen Zügen und Bechern dem Karneval hingeben und gröhlend *die wenigen Arbeitenden als »jeck« = verrückt* bezeichnen, werden eilends die letzten Einladungen geschrieben, das anrückende Buffet überprüft …

Als der *Potentat dann fürstlich über den roten Teppich* schreitet, scheint alles in bester Harmonie zu verlaufen und trotzdem: zwei Dinge verändern das glorreiche Ritual: Der Botschafter des betreffenden Landes hatte, *ohne die Gastgeber zu fragen,* von sich aus etwa 150 Gäste eingeladen. Und gerade, als der hohe Gast schon die deutsche Perfektion lobte, fiel ein Sessel der eilends herbeigeschafft wurde, weil die vorbereiteten nicht ausreichen konnten, lautstark um.

Und etwas noch viel »Komplexeres«: Aus der anreisenden Delegation wird ein *geheimer Wunsch* laut: er sollte möglichst ganz diskret erfüllt werden. Beim vorabendlichen Staatsbankett wurde an festlicher Tafel von einer eventuell plötzlich aufgetretenen schweren Erkrankung eines Delegationsmitgliedes gewispert. Und nun rollt die Lawine ... Der »zuständige« Referent und das »zuständige« Sekretariat dürfen weder Zeit, Mühe noch Geld scheuen, Telefondrähte glühen, Kraftfahrer überschreiten willig alle Geschwindigkeitsbegrenzungen, in allen Sprachen der Welt wird erkundet, verhandelt; befreundete Organisationen und Ministerien leisten Amtshilfe, Ärzte und internationale Apotheken werden konsultiert, familiäre Verbindungen angezapft; – der sonstige Dienstbetrieb kommt zum völligen Erliegen. Und endlich: das teure Präparat für schwierige Schwächeanfälle wird ausfindig gemacht und selbstverständlich generös als Geschenk überreicht. Auf dem Höhepunkt von Sorge und Hektik hatten die zuständigen Stellen diese Erleuchtung: es ist keine schwere Erkrankung, nur eine vorübergehende evtl. Schwäche, die den davon Befallenen befürchten ließ, seinen Aufenthalt in unserem Lande nicht mit vollen Kräften genießen zu können. Das Rätsel: ein wichtiges menschliches Problem wurde gelöst nach dem Motto: Dem Mann kann geholfen werden, und die Lösung hatte auch noch einen völkerverbindenden Effekt: Einige deutsche »Fräuleins« sollen dem Gast in bester Erinnerung geblieben sein ...

Am *Tage des Staatsbesuches* läuft dann alles wie geschmiert: Der Hausherr steht mit einigen seiner leitenden Herren »zwanglos« nach Rangordnung zur Begrüßung bereit, der Potentat erscheint, eskortiert von buntgewandeten oder in goldbetreßte

Uniformen gekleideten Herren. Einer von ihnen lächelt dankbar und beglückt.

Weiberfastnacht – Karneval: Verkleiden, Verwechseln, Vertauschen, Irrungen und Wirrungen! Auch beim Staatsempfang? Gerade beim Staatsempfang!

Denn: Staatsempfänge und Weiberfastnacht haben dieses gemeinsam: Beide dienen der Gesundheit – der Staatsempfang der Gesunderhaltung zwischenstaatlicher Beziehungen, die Weiberfastnacht der Erhaltung optimaler zwischenmenschlicher Beziehungen.

Zweimal 17. Juni (1981)

Adolf-Peter Koof

Morgens gedenkt der Deutsche Bundestag jener »Landsleute«, die am 17. Juni 1953 gegen die Unfreiheit ihres Regimes revoltierten und von russischen Panzern zur Räson gebracht wurden. Abends *jubeln* im Kölner Schauspielhaus 2000 Menschen *dem Satiretheater Moskau* zu, das Brechts Dreigroschenoper darbietet. Berechnung, Zufall oder Gleichgültigkeit? Mackie Messer würde über bundesrepublikanische Prinzipientreue sagen: »Erst kommt das (kulturelle) Fressen, dann kommt die (historische) Moral.« *Morgens Worte, abends Theater* – oder umgekehrt?

Bonn an Zentrale

Werner Tetzel

»Minister, die kommen, Minister die gehen, aber die Ministerialbürokratie, die bleibet bestehen.« So könnte man in Abwandlung eines bekannten deutschen Volksliedes formulieren.
Minister und Staatssekretäre tragen die politische Verantwortung, sie entscheiden nach Sachstand, über den sie nach Vortrag oder Vorlage ihrer Fachreferenten unterrichtet werden.
Vorstände und Geschäftsleitungen großer Unternehmen, die sich den *»Luxus* eigener Firmenvertretungen in Bonn« leisten, glauben oft, Auskünfte oder Entscheidungen Bonner Ministerien dadurch erreichen oder beschleunigen zu können, daß sie ohne Einschaltung ihres Bonner Büros direkt an den Minister herantreten.
Jeder, der Bonn ein wenig kennt, weiß, daß das häufig *»ins Auge geht«*. Denn: Nach der Geschäftsordnung der Bundesministerien gehen diese Vorgänge in den Geschäftsgang, d. h., sie landen beim fachlich kompetenten und bewährten Referenten, der »sein Handwerk versteht«.
Für eine Ministervorlage benötigt der Referent oft noch zusätzliche Informationen. Er wendet sich deshalb an den Bonner Firmenvertreter, der unter Umständen »völlig ahnungslos ist«.
Wäre es nicht wesentlich zweckmäßiger, wenn der Bonner Firmenvertreter Fragen an den Fachreferenten zur Beantwortung richtet?
Oder wäre es für alle Beteiligten nicht wesentlich vorteilhafter, wenn der Firmenvertreter in Bonn den Ministerialbeamten frühzeitig wissen läßt, daß ein Schreiben seines Vorstands an seinen Minister »ins Haus steht«?
Der Beamte kann sich bereits frühzeitig mit der Materie befassen, der Firmenvertreter in Bonn kann zusätzliche Interpretationen und Informationen geben, es entsteht ein Vertrauensverhältnis zum Vorteil aller Beteiligten.
Daher Bonn an Zentrale: Bitte informiert Euren Mann in Bonn!

Wohlstandsstaat – Anspruchsstaat – Verpackungsstaat?

Waldemar Mueller-Thuns

Der *Anfang* ist bekannt: Von der *Auf- und Hausbauwelle* über die *Konsum-* und *Freßwelle* zur *Fernreise-* und *Edelwelle*. Wachstum und Wohlergehen fast allenthalben – bis zum Überfluß, Überdruß, Staatsverdruß. Gleichwohl, es reicht noch nicht – Einkommen, Hubraum, Urlaubszeit. Die Konkurrenz ist unerbittlich.

Auch die Fortsetzung ist geläufig: Zunächst die bange Frage: Wie lange noch? und außerdem: *Nutzen für die Falschen oder zumindest für zu Wenige?*

Die Antwort fällt noch leicht: Der Staat muß her – mehr und mehr. Und so schüttet das Füllhorn aus, was es hergibt – erfinderisch, verführerisch, verschwenderisch. Und trotzdem Staatsverdruß, zudem *statt Überfluß jetzt Unterschuß*. Schlaraffenland wird abgebrannt?

Unvermeidlich erneut die bange Frage: Wie lange noch? Dazu die Variante: Wer war es und wer zahlt es? Prompt und unisono tönt es im Chor zurück: »Der da!« Wie also sage ich es meinem Bürger? Die Antwort fällt schon schwerer.

Es ist kein Zufall, daß der Staat den Bürger gesetzlich vor Mogelpackungen zu schützen sucht, daß er gegen Einwegflaschen jeder Art und gegen Folgen der Verpackungsflut und -wut vorgehen will. Recht so – endlich. Aber all das gilt leider nur für den Einzelhandel.

Ist also für Massenbehandlung nicht auch *Bürgerschutz vor Mogelpackungen und Verpackungsfolgen* vonnöten? Ein schrecklicher Gedanke für Verfassungshüter. Der mündige Bürger hat Durchblick, Gedächtnis, Zivilcourage. Also wird weiter verpackt, eingepackt und eingewickelt; im Großen wie im Kleinen. Von Sprachlosigkeit keine Spur, im Gegenteil. Wahre Kaskaden stürzen unaufhörlich aus allen Himmeln herab. Symptomatisch und verräterisch dabei u. a. der bonnhochdeutsche Sprach-

gebrauch (*»Ich würde meinen ...«* oder *»Würden Sie nicht auch sagen können ...«* und manches mehr). Würdelosigkeit wäre ausnahmsweise besser. Vor allem aber ist Vielen die *direkte Rede abhanden* gekommen, Bürgern, Medien und anderen Darstellern, Staatsschauspielern. Die Erklärung ist einfach. Im kleinen Bonn sind Umwege nötig und interessant. Aber *alle Wege führen zum Markt.* Dort wird in eindrucksvoller Weltläufigkeit ausgetragen oder auch nachgetragen, was bedrückt. Nicht nur Eitelkeiten und Enthüllungen. Denn wo Genießbares vielerlei Art feilgeboten wird, darf es an Verpackung nicht fehlen.
Und so wird fleißig und behutsam verpackt – nichts zerbrechen, niemanden zu nahe treten. Verletzungsgefahr also ausgeschlossen, nicht Verwechselungsgefahr – Inhalt oder Hülle? Das kostet, wie jeder weiß, seinen Preis. Gleichwohl ist es ein geschäftiges Treiben und nahezu alle tun emsig mit – Markt- und andere Schreier, Verkaufsgenies und sonstige Verführer.
Und das Schönste daran: Wir sind nicht mehr auf eine einzelne Saison angewiesen. Es braucht nicht mehr zu heißen »Maienzeit – Spargelzeit« (oder »Wahlzeit – Werbezeit«). Tagaus, tagein wird zielstrebig und erfolgreich verpackt.
Erschrocken halten wir inne. Traum oder Wirklichkeit? Haben wir eine neue Spielart des Totalen geschaffen – gründlich, wie wir sind?
Es bleibt die bange Frage: Und was dann?

Maxime: Gleichgewicht

Rolf Breitenstein

Wer eine gute deutsche Kinderstube hatte, dem sind Spinat, Lebertran und der Grundsatz eingetrichtert worden: »Mit vollem Munde spricht man nicht!« Seitdem fällt es vielen von uns schwer, Essen, Trinken und Unterhaltung in Einklang zu bringen. Von Zirkuskünstlern und Diplomaten erwartet man zwar, daß sie aufgrund langjährigen Trainings zugleich essen, trinken, rauchen, reden und mit vier oder fünf Kugeln jonglieren können, aber gute Deutsche, wie sie in Bonn überwiegend ansässig sind, schauen solchem Treiben eher mißtrauisch zu.

Das deutsche Wesen, so hat ein kluger Franzose entdeckt, läßt sich durch zwei Wortpaare fassen: *Entweder – oder,* und: *Wenn schon – denn schon.* Also: Entweder wird gegessen oder man unterhält sich. Wenn gegessen wird, dann auch kräftig, und wenn man sich unterhält, dann auch deftig. Auf diese Weise sind unter anderem die Weihnachtsgänseessen (»Stille Nacht«) und der rheinische Karneval entstanden.

In den letzten 35 Jahren jedoch hat das deutsche Wesen, wenigstens soweit es in der Bundesrepublik Deutschland beheimatet ist, sich grundlegend gewandelt. Während die Deutschen früher entweder Krieg *oder* Frieden machten, wenn Krieg, dann mit vollem Rohr, wenn Frieden, dann die Schlafmütze übers Ohr, haben wir uns jetzt an einen aufgerüsteten, unsicheren Frieden gewöhnt; und an mancherlei Kompromisse: unser Staat ist ein Kompromiß zwischen den Ländern und dem Bund; unsere Wirtschaft ein Kompromiß aus Markt und sozialer Verantwortung. Solche Gleichgewichtszustände zu schaffen und auszuhalten, unter Verzicht auf Totalität und Endlösungen, mit der deutschen Teilung zu leben ohne aus der Haut zu fahren – das ist das *eigentliche deutsche Wunder*.

Ob wir das durchhalten?

In Bonn ist die Entwicklung zum Gleichgewicht vor allem durch Bundeskanzler Helmut Schmidt und durch den »Bonner Gesprächskreis« sichtbar geworden.

Helmut Schmidt ist ein *Gleichgewichtspolitiker*. Er geht davon aus, daß Politik nicht Harmonie ist, sondern Konflikt, und daß Konflikte zum Kompromiß geführt werden müssen: Indem man sich in die Schuhe des anderen versetzt, indem man miteinander redet, auch wenn es mühsam ist, indem man den Rahmen erkennt, innerhalb dessen man gemeinsam leben will. Konflikte werden nicht unter den Teppich gekehrt. Sie werden auch nicht ein für allemal aus der Welt geschafft. Sie werden entschärft, so daß ein *Balancezustand* entsteht, mit dem es sich eine gute Weile leben läßt. Dieser theoretisch einfache, in der Praxis außerordentlich schwer herbeizuführende und schwer auszuhaltende Mechanismus ist in letzter Zeit vor allem in der Diskussion um Rüstungsgleichgewicht zwischen Ost und West zu einem zentralen Begriff geworden. Schmidt und viele Deutsche, die das *»Entweder – oder«* und *»Wenn schon – denn schon«* hinter sich gelassen haben, möchten den Gleichgewichtsmechanismus in vielen Konfliktfeldern wirken sehen, auch um des sozialen Friedens willen, beispielsweise im Verhältnis von Unternehmern und Gewerkschaften: Gegeneinander und Miteinander – dialektisch, wenn der Begriff nicht für viele Menschen so negativ belastet wäre.
Wenn es Fortschritt in der deutschen Geschichte gibt, dann hier: Im Wandel vom *»Entweder – oder«* und *»Wenn schon – denn schon«* zum *»Sowohl – als auch«* und *»Wenn schon – dann rücksichtsvoll«*. Wenn man einen solchen Fortschritt kritisieren will, dann doch wohl nur, weil diese Gedankenführung noch nicht weit genug geht: Erst, bildlich gesprochen, bis zur Waage, dem Gleichgewichtssystem zweier Elemente, noch nicht bis zum *Mobile,* dem Gleichgewichtssystem vieler Elemente – und damit dem Symbol eines ökologisch-pluralistischen Weltbildes.
Der »Bonner Gesprächskreis« ist eine Institution, in der etwas gelungen ist, was auch die neue Bonner Politik bisher nicht geschafft hat: Essen und Gespräch ins Gleichgewicht zu bringen. Bonner Politiker leben bekanntlich überwiegend von Kaffee und merken den Übergang vom Nachmittag zum Abend daran, daß statt Keksen nun Schnittchen auf den Konferenztisch kommen. Natürlich ist es eine besondere Ehre, bei Sitzungen im

Kanzlerbungalow die Bohnensuppe von Loki Schmidt persönlich auf den Teller zu bekommen – aber wenn ihr Mann, der Bundeskanzler, das nicht als Pausenzeichen verstehen will, sind Fettflecke in den Akten und Magenbeschwerden fast unvermeidlich.

Im »Bonner Gesprächskreis« hingegen bekommt jeder sein Tellergericht serviert (ohne jede Aktenbeilage) und ist nur verpflichtet, beim Tischgespräch und beim anschließenden Vortrag seinen Blick über den Tellerrand zu erheben. Das fällt manchem nicht leicht; der sprichwörtliche »Bonner Blick« hängt schwer und lustlos hernieder. Daß es trotzdem gelingt, ist ein Verdienst dieses einmaligen, an angelsächsischen Vorbildern orientierten Gesprächskreisen – und gibt Hoffnung für Bonn.

Tiefausläufer

Karl Garbe

Es bläst der Herbst mit roten Backen,
zum Streite rüsten Schmidt und Brandt;
sie spüren schon die Faust im Nacken –
wer hat die Basis in der Hand?

Nun saust der Frack den Telekraten:
Der Bildschirm ist vom Fasten flach.
Die Wähler riechen schon den Braten –
und Spatzen pfeifen es vom Dach.

Jetzt fordern selbst die Unbequemen,
daß niemand mehr dem Aufschwung trotzt,
daß Unternehmer unternehmen;
daß Klunker nur nicht wieder klotzt.

Dem Debet dienen die Debatten:
Wer packt die heißen Weisen an?
Auf alle Märkte fallen Schatten –
in Bonn da fiel der Zahlemann.

Character

Rudolf von Steiner-Haldenstätt

Wir befinden uns im *Zeitalter des Apparates.* Größe mag Furcht einflößen, verbürgt aber nicht automatisch Kraft und Führungsqualität; im Gegenteil, häufig genug bewirkt sie ein verhängnisvolles Schwinden dieser Eigenschaften. Ein Apparat des Apparates ist der Computer. Er ist die logische Weiterentwicklung des Menschen: *Intelligenz ohne Moral!*
Entscheidungen können nicht nur auf der Basis der Vorkalkulation getroffen werden. Hätte Columbus die Kosten seiner Fahrt vorher kalkulieren können, wäre Amerika nie entdeckt worden. An den Scheidewegen des Lebens stehen eben keine Wegweiser. Wer sich nicht entscheiden kann, muß Entscheidungen hinnehmen, die andere für ihn treffen – allerdings: auch zum Zögern muß man sich entschließen!
Schließlich gilt für Alles und Alle: Wer Probleme mit dem Charakter hat, muß sich wohl oder übel eine Methode zulegen; es kommt darauf an, wie einer netto lebt, nicht brutto!
Das Wort »Bonn« findet sich bei diesen Gedanken nicht. Es wäre auch unfair, all dies nur auf unsere Stadt und ihre Menschen zu beziehen. Aber dies ist klar: *Charakter ist in Bonn ebenso rar wie anderswo. Aber: nicht mehr – nicht weniger.*

Bonner Seitenblicke:

Parallelogramm der Capitalen

Ausgangspunkt: Das Bonn der 80er Jahre

(Strukturen und Konturen)

Heinz Commer

Was ist über Bonn, was unter diesem Titel zu verstehen? Ich meine damit:

1. Bonn als *das* Bonn der Ministerialen, Verbände, Unternehmen, Publizisten;

und

2. den *Versuch einer Strukturierung* als das schwierige Unterfangen, dieses Bonn nachzuzeichnen im Sinne einer Dreiteilung, wie sie unser Freund Eckart Herold einmal exerziert hat unter den Gesichtspunkten: Raum, Zeit, Personen.

Tatort

Keine Angst! Hier ist nicht von kriminellen Dingen die Rede, nicht von Kriminalstorys oder Spionageaffären, obwohl ich in meiner Bonner Zeit jahrelang dienstlich zu tun hatte mit drei Damen, die sich später als *Meisterspioninnen* erwiesen. Ich fand beide ebenso tüchtig wie charmant und anscheinend besonders loyal. Sie waren eben excellente Vertreterinnen ihrer Art. Ihr Tatort: das Vorzimmer wichtiger Persönlichkeiten in wichtigen Ministerien und im Bundestag.
Tatorte? Natürlich hat unser Bonn neben den unzähligen Arbeitsplätzen in Büros, aber auch auf jährlich ca. *4500 Cocktailparties, etwa 3500 Dienstwagen,* in denen durchaus auch gearbeitet, gelesen, paraphiert und verhandelt wird, vor allem auch Tatorte, in den bedeutenden Hotels. Früher stand der Königshof fast allein. Heute gibt es Hotels und Restaurants, wie das Steigenberger, die Redoute, das Tulpenfeld sowie Veranstaltungsorte wie die Beethovenhalle und die Godesberger Stadthalle und einige andere. Wie in vielen anderen Städten, in manchen anderen Hauptstädten scheint mir *eine* Begegnungsstätte ty-

pisch für Bonn, weil sie mir Spiegelbild der Atmosphäre dieser Stadt auch heute noch zu sein scheint. Ich meine den Presseclub in seiner *früheren Gestalt* neben dem Auswärtigen Amt: seine solide, gutbürgerliche Küche, seine räumliche Enge und vor allem der weitgehende gegenseitige Bekanntheitsgrad der häufig gleichen Gäste: sie sind auch heute noch typisch für zweierlei: Dieses Bonn – dies ist auch seine Stärke – ist immer *überschaubar, durchschaubar* und vor allem alles andere als verschlossen. Wer diesen Begegnungs- und Gesprächsort sich vor Augen führt und dabei nicht vergißt, daß häufig ganze Besuchergruppen aus der sogenannten Provinz, die sogenannte »Lodeninvasion«, dort »einfiel«, der weiß: in diesem Bonn kann eigentlich nichts geheim bleiben, und es ist weit geöffnet für erwünschte und unerwünschte Beobachter jeder Art.
Anmerkung: Der heutige Presseclub scheint mir typisch für das kommende Bonn, das der bekannte Hofchronist bezeichnete als *»provinzielles Babylon«*.

Zeitrhythmus

Wer den Arbeitsrhythmus der meisten ausländischen Länder mit wenigen Ausnahmen, beispielsweise der Vereinigten Staaten, kennt, wer sich zum Beispiel romanische, lateinamerikanische oder slawische Arbeitszeiten und Arbeitsgewohnheiten vergegenwärtigt, der muß nach kürzester Zeit zu *diesem* Ergebnis kommen: der Arbeitsrhythmus unseres Bonns ist mehr geprägt von preußischer Disziplin und Tatkraft als von rheinisch-kölschem »Loss mich jonn«. Conrad Ahlers, jener allzu früh verstorbene Hamburger Individualist mit sensibler Spürnase solle einmal gesagt haben: »Wer vor 9.00 Uhr arbeitet oder auch nur schon zur Arbeit unterwegs ist: der ist nichts und der wird auch nichts.«
Auf Bonn trifft dieses Dictum nicht zu. Denn: *jeder, der hier etwas ist oder werden will, ist meist bereits vor 9.00 Uhr* bei der Arbeit und sei es auch nur bei der Lektüre von Zeitungen, um festzustellen, wie seine Partei, sein Ministerium, sein Unternehmen oder sein Verband gerade im heutigen Meinungstrend liegt.

Und diese Arbeit geht bei denjenigen, auf die es ankommt, ohne Unterbrechung und Siesta bis spät in den Abend unaufhörlich und unerbittlich weiter: Beweis ist die deutsche Erfindung des sogenannten *Arbeitsessens,* bei dem manchmal die heikelsten Dinge besprochen, abgehakt, angerissen oder festgezurrt werden – wie dies in unserem Jargon heute heißt. Daß wir es hier mit einem vor allem Bonner oder jedenfalls deutschen Phänomen zu tun haben, das sagte mir wiederholt unser bewährter Freund Gerhard Rainer, vordem österreichischer Gesandter auf Bonner Posten, der für alles in Bonn Verständnis hatte – mit Ausnahme des Arbeitsessens.

Arbeitsessen: sie sind Ausdruck preußischer Disziplin und Tatkraft. Daneben haben bei uns Wiederaufbau unseres Staates, alemannischer Fleiß und Ordnungssinn sowie schöpferische Wirtschaftlichkeit mitgewirkt. Hierfür sind Sinnbilder Theodor Heuss und Eugen Gerstenmeier. Übrigens gerade die Essens*zeiten* und Essens*gewohnheiten* sind typisch für die Restbestände der noch nicht ganz nivellierten Bonner Arbeitswelt der sogen. Ebenen. Die sogenannten unteren Chargen – das ist nicht despektierlich, sondern rein definitionsmäßig gemeint – essen in Kantinen zwischen 12.00 und 13.15, während die oberen Hierarchen sich in ihren Vorzimmern gegen 13.00 abmelden, um manchmal erst ab 15.30 wieder zu erscheinen. Nur Unwissende können wegen dieses vermeintlichen Mittagsschlendrians neidisch sein oder werden, denn gerade mit raffiniert gefülltem Magen ist recht schwer intensiv arbeiten und häufig gibt es nach Dienstschluß noch Empfänge, ein Abendessen. Ein Glück, daß man diese amtlichen Abendessen gegen 23.00 Uhr anstandslos beenden kann, eine Zeit, die beispielsweise nur 28 Kilometer entfernt in Köln untrügliches Indiz dafür wäre, daß die Einladung von den Gästen als mißlungen betrachtet würde und sich die Gastgeber fragen müßten, was sie falsch gemacht hätten.

Weitere wichtige Unterschiede zwischen unserem Bonn und dem übrigen bundesrepublikanischen Deutschland: In Bonn spielen die Parlamentsessionen, die sogenannten Sitzungs- oder sitzungsfreien Wochen eine ausschlaggebende Bedeutung als Zäsur für Arbeitszeiten. Weitere wichtige Bonner Ereignisse:

Parlamentswahlen, Regierungskrisen. Am Rande zu erwähnen: Besuche wichtiger und gefährdeter Staatsgäste, die wegen des dann notwendigen Sicherheitsbedürfnisses zu Absperrungen und Verkehrsstörungen führen. Zwei weitere, alle Jahre wiederkehrende Zäsuren sind zu erwähnen: Vor dem Beginn der Sommerferien, die besonders auch bestimmt werden durch Schulen, die Diplomatenkinder besuchen, kommt es zu einem erheblichen Endspurt bei Empfängen. Das gleiche wiederholt sich am Jahresende, wenn die letzten Mittel der einschlägigen Fonds unbedingt verausgabt werden.

Akteure

Natürlich ist das Interessanteste am Bonner Leben Darstellung oder der Versuch der Darstellung des Da- und Soseins der Bonner Akteure. Neben dem Kierkegaard'schem »Da«- und »Sosein« gibt es in Bonn etwas noch *Wichtigeres,* das »Dabeisein«. Denn viele, wie mein Freund Eberhard Strebel sagt, sind zwar da, aber nicht dabei.
Es wäre eine rein quantitative und daher kaum aussagekräftige Feststellung, wenn man nur numerisch die Zahlen der einzelnen Bonner »Täter« nennen würde. Ich hielte es auch für falsch, wenn ich den landsmannschaftlichen Charakter der nach Bonn Zugereisten untersuchte. Wichtig ist aber auch heute noch, daß viele sogenannte Bonner aus *Berlin* stammen und von dort etwas Preußentum ins Rheinland einschleusten, während die menschliche Grundsubstanz in fast allen Behörden, ja auch Botschaften, rheinisch ist, was sich zur Zeit des Weiberkarnevals unaufhaltsam bemerkbar macht. Gar nicht typisch, weil auch in allen anderen Hauptstädten völlig normal, ist die arbeitsbesessene ehrgeizige, meist tüchtige Entschlossenheit fast aller Schreibtischtäter.
Ein probates Mittel, um die Art des »Bonners« herauszustellen, mag ein Vergleich zwischen Bonner und Berliner sein:

»In Berlin gibt sich jeder, wie er ist. Er weiß, daß sich im Grunde niemand um ihn kümmert. In Bonn bewegen sich die

Leute, als ob sie ständig beobachtet würden. Sie befürchten, daß sich sonst niemand um sie kümmert.«

(Eine Journalistin des Bonner Generalanzeigers nach einem Besuch in der alten Reichshauptstadt.)

Gar nicht Bonn-typisch ist die etwas gehässige Feststellung aus Journalistenmund: die »Bonner« seien Männer mit schwerbeschädigten Rückgraten. Erfreulicherweise kenne ich markante Gegenbeispiele. Aber typisch für Bonn ist: eine eigene, »raffinierte«, finassierte, politische Sprache.

Politisierte Sprachfinessen

Die eigene Sprache: Sichtbarster Beweis dafür, daß »Bonn Politik macht, Berlin Geschichte«, ist die unbestreitbare Tatsache, daß im Jahr der Berliner Preußen-Ausstellungen von Bonn und ausschließlich von Bonn die Prägung der deutschen politischen Sprache ausging *und* der Sprache der gehobenen oder hohen Administration. Dabei hatte zweifellos die Anwesenheit von etwa *7500 Personen von diplomatischem Status* dazu beigetragen, daß man hier diplomatisch geschickt formulierte. Selten der Fall jenes Bonners, der sich damit »qualifizierte«, als er einem Kollegen krankheitsbedingt attestierte: »Sie sehen ja gespenstisch aus«, jenem Krankenpfleger vergleichbar, der das Zimmer eines frisch operierten Prominenten betritt, die vielen Blumen vieler »Radfahrer« sieht und dem gerade aus der Narkose Erwachten sagt: »Hier sieht es ja aus wie bei der Aufbahrung eines Fürsten.« Nein: die normale Bonner Sprache ist ganz anders als jene unbewußten, tölpelhaften Schienbeintritte. Und deshalb so: Wenn ein Bonner sagen will: »Ihre Darstellung ist *dumm, unbrauchbar, falsch«,* so sagt er tatsächlich »Ihre Ausarbeitung ist wenig hilfreich«. Und wenn er sagen will: »Ich stimme mit Ihnen überhaupt nicht überein«, dann sagt er: »Ich kann leider nicht ganz Ihrer Meinung sein.« In diesem Sinne gibt es eine Vielzahl Bonner Redensarten, die nach dem Gesetz des sinkenden Kulturgutes zunehmend Eingang in die Sprache anderer deutschen Städte und schließlich der gesamten Bundesrepublik Deutsch-

land finden. Hier nur einige Beispiele: »festmachen« heißt vereinbaren, »Sinn machen« heißt, logisch sein und ein »enger« Terminkalender heißt, daß man für den Anfragenden keine einzige Minute in absehbarer Zeit hat, während man beim Anruf des Vorgesetzten noch Stunden Zeit hätte, dessen endlose Monologe anzuhören und mit einem Kopfnicken oder der Bemerkung: »Sie haben natürlich völlig Recht« zu honorieren.
Daß Bonn die politische Sprache der gesamten Bundesrepublik formuliert und prägt, das geht auch daraus hervor, daß in dem humor- und witzarmen Westdeutschland die besten politischen Witze, die aktuellsten allemal aus Bonn kommen. Hier nach strengem Parteiproporz zwei: Wer ist der sparsamste im ganzen Land? Der Oppositionsführer. Er spart sogar mit Argumenten. – Was ist der Unterschied zwischen unserer Regierung und einer Telefonzelle? Antwort: In der Telefonzelle muß man zuerst bezahlen und dann wählen. Ein erfreuliches Symptom für die in Bonn erfolgende entkrampfende Auflockerung: Im November wurde erstmals und in Bonn-Bad Godesberg die »Goldene Kartoffel« als Auszeichnung und Preis im Kampf gegen den teuflischen Sachzwang verliehen. Ich persönlich bin über diesen Preis auch deshalb besonders froh, weil ein Mitglied und Redner unseres Kreises, Autor Rolf Breitenstein, der Erfinder dieses Preises ist. Meine Hoffnung: möge dieser Preis in kürzester Zeit die Wertschätzung erhalten wie der »Orden wider den tierischen Ernst«, den erfreulich viele Bonner, nicht nur aus Proporzgründen erhielten.
Nicht unerwähnt bleiben darf ein weiteres Charakteristikum unseres Bonn, nämlich die *Politisierung der Alltagssprache.* »Wie geht es Ihnen?« »Haben wir morgen mit der Sonne zu rechnen?« In allen anderen deutschen Städten enthalten diese Fragen wenigstens den Hintergrund einer echten Frage, der Erkundigung nach der Gesundheit, dem Wohlbefinden und vielleicht der Wetterfühligkeit. Nicht so in dem politisch sensibilisierten Bonn. In Bonn stecken in solchen Fragen, oder können sehr häufig stecken, verborgene Haken, die je nach dem Standort des Fragenden und des Befragten anders zu interpretieren sind: Nämlich »Wie geht es Ihrer Partei?« »Wie geht es dem Flügel

der Partei, dem Sie nahestehen?« oder »Wie sieht es in Deiner Gewerkschaft, Deinem Verband, Deiner Firma aus?« Das kann für den Befragten durchaus einen sehr realistischen Hintergrund haben. Es kann nämlich bedeuten: »leistet« sich deine Firma das, was einige Unternehmen gerade in schwierigen Zeiten taten, nämlich ihr Bonner Verbindungsbüro »einzusparen« ...
Hintergründig wirkt manchmal in Bonn die scheinbar harmlose Frage nach dem Wetter von morgen. Sie bedeuet bereits für den normalen Bonner dieses: »Wie geht die große Debatte im Bundestag morgen aus?« »Wie wird der Tag der Bewährung, die Debatte um den Bundeshaushalt des nächsten Jahres enden?« Diese politisierte Hintergründigkeit gilt bereits für den politisch ausgerichteten Durchschnitts-Bonner, erst recht für jene ausschließlich auf die Politik als Lebensinhalt fixierten Typen, die ich als von der Norm abweichende Politomanen bezeichne. Für diese Bonner Politomanen ist jede Beförderung, jede Versetzung, jede vorzeitige Pensionierung politisch bedingt, zumindest beeinflußt. Für diese Bonner Politomanen ist einfach nicht vorstellbar, nicht nachvollziehbar, daß auch und gerade in der Bonner Politik das Menschliche, allzu Menschliche eine eminente Rolle spielt. Diese Politomanen vergessen beispielsweise, daß auch und gerade in Bonn mit Sitzfleisch hohe und erfolgreiche Politik gemacht wird.
Zu den wichtigen Bonner Personen sind einige Worte über die Repräsentanten deutscher Firmen in Bonn vonnöten, mit denen ich mich besonders freundschaftlich verbunden fühle. Sie wurden im Anfang der Bonner Republik zu unrecht »madig« gemacht. Wer Bonn kennt, weiß: Verbindungsbüros in Bonn haben einen harten, schwierigen Arbeitstag, der häufig erst gegen Mitternacht endet. Aber hierbei wird meist eine überaus wichtige Arbeit der sog. Lobby unterschlagen: bei Staatsbesuchen oder auch bei anderen Besuchen ausländischer Gäste sind sie *die* Repräsentanten der Unternehmen und ihrer Spitzen: manchmal eine Art *Potemkinscher Dörfer* im ökonomischen und positiven Sinne. Denn, da die Leiter der Bonner Verbindungsbüros meist ihren Konzernleitungen oder Vorständen *direkt* unterstellt sind, sind sie in der Lage, die Meinungen ihrer Firmen authentisch zu

interpretieren und zu vertreten. Also eine Sonderspecies: nur scheinbar Potemkinsche Dörfer …

Zusammenfassend: Bestimmend für die Strukturen Bonns sind diese fünf Grundpfeiler:

1. Unser Bonn ist *bienen-fleißig,* technokratisch, kulturell meist ohne Organ.
2. *Prägend* für die politische Sprache und den politischen Witz unseres Landes, es ist offen, *informations*- und klassendurchlässig.
3. Das äußere Bild der Bonner unterscheidet sich kaum von dem anderer Städte: *Einheitskonfektion* in Grau oder Blau, weithin nivellierte Arbeitswelt.
4. Es ist fixiert auf:

   Karriere
   Eigenheim
   Politik

5. Die Träger dieses Bonns sind Einzelgänger *mit* – oh Wunder: – *Kontakt*fähigkeit.

Trotz geringer Bedenken, vielleicht Vorurteile, die ein geborener und doch trotz drei Jahrzehnten Tätigkeit in Köln Gebliebener gegen Bonn – für Kölner bekanntlich ein Kölner Vorort – haben muß, ist meine Zuneigung zu Bonn ungebrochen. Für jeden mit politischem Sensorium gibt es in der Bundesrepublik *nichts Faszinierenderes als die Beobachtung der Bonner Szene.* Und so ist es denn für mich auch eben eine der vielen Bonner Halbwahrheiten: »Der schönste Zug der Capitale ist der um 18.00 Uhr nach Köln.« Denn: jedem Abend, den man Bonn manchmal angewidert verläßt, folgt ein Morgen, an dem man es neugierig wieder betritt und erlebt.

Bonn – Brüssel

Manfred Lahnstein

Man erwartet *Vielschichtiges oder gar Tiefsinniges* zum Thema? Ja, da bedürfte es schon der Geistesschärfe und Formulierungskraft des Direktors der London School of Economics (auch ein Bonn-Brüsselaner) – oder doch zumindest der hurtigen Souveränität unserer Feuilletonredakteure. Beides steht mir nicht zu Gebote.

Dann aber doch mindestens Objektives? Noch schlimmer – aus »zeitlos-ewigen« Aussagen zu so vordergründigen Phänomenen wie Brüssel oder Bonn werden zwangsläufig Vorurteile. Und für Vorurteile sorgen schon belgische Reisegesellschaften, die dem rheinischen Karneval erst so recht zum internationalen Flair verhelfen. Gleiches besorgen auch deutsche Beamte, die in Europas Hauptstadt ... doch halt, nicht schon wieder Nestbeschmutzung!

Was also soll »zwischen Brüssel und Bonn«?

Vielleicht ist es gut, ein wenig denjenigen *Funktionszusammenhängen* nachzugehen, die in beiden Städten Beruf und Freizeit bestimmen. Und da sind die Gemeinsamkeiten entscheidend, nicht die Unterschiede. Berlaymont hin – Rheindorfer Straße her, Café Filtré auf der Grand'Place hin – ein Schoppen auf dem Marktplatz her, Maurice Béjart hin – Beethovenfest her: für mich ist in beiden Fällen das »Ambiente« durch den Umstand bestimmt, daß Bonn und Brüssel Töchter der gleichen Industrie- und Technokratiezivilisation sind. Max Weber hätte seine Studien zur Bürokratiesoziologie genauso gut bei der EG betreiben können; »les bourgeois, c'est comme les cochons«, diese herrliche Schimpferei eines Jacques Brel hätte auch am Ufer des Rheins entstehen können.

Andererseits gibt es natürlich auch durchaus *wohltuende* Gemeinsamkeiten. Es gibt hier und dort den (einigermaßen) gelungenen Versuch, sich als Individuum oder Familie Freiräume und Objekte für Besinnung und Entspannung zu schaffen. So

sind beide Städte lebenswert, bleibt Nostalgie mit leicht ironischer Distanz bestückt, wird Vielfalt zumindest angestrebt. Vielleicht liegt Brüssel näher bei Bonn als Frankfurt, jenes näher bei Brüssel als bei Lüttich? Aber das sind bereits die Träumereien eines Apatriden.
Denn, ein Deutscher erlebt Brüssel ja nicht von innen. Er ist ausländisch, andersartig. Umgekehrt ist es ebenso (eine nicht gerade umwerfende Erkenntnis). Wenn man nun aber mit nichtdeutschen Freunden in Bonn bei einem Schoppen zusammensitzt, gewinnt man eine neue Erfahrung: für Minoritäten sind beide Städte offen bis anziehend, sicher international genug. Allerdings läuft hier Brüssel Bonn immer noch deutlich den Rang ab. Historisch gewachsene Mehrsprachigkeit, EG und NATO, nicht-synchronisierte Filme in Kino und Fernsehen, all das bleibt spürbar. Dafür hat für mich Bonn eher atmosphärische Vorzüge. Toleranz und Offenheit, sie gelten allerdings nur gutsituierten Minderheiten (wie es Botschafter, hohe Beamte, Fußball-Legionäre sind). Gastarbeiter und ausländische Studenten haben es in beiden Fällen gleich schwer – hier kommt allenfalls karitativ getünchte Irritation zustande. Die Grenzen innerhalb Europas verlaufen eben ganz anders, als die Landkarten uns weismachen wollen.
Kaum Unterschiede also? Ich sehe das in der Tat so ähnlich. Zurückkommen muß ich aber auf die bereits erwähnten professionellen Mechanismen. Denn da gibt es einen, der spielt eindeutig *zwischen* Bonn und Brüssel. Wenn ein Bonner Ministerialbeamter »Brüssel« sagt, dann ist damit häufig nur nächtelanges ergebnisloses Gerangel im Ministerrat gemeint. Und »Bonn« gerät für EG-Obere häufig zum bloßen Symbol für preußisch-deutsche Knickrigkeit. Die mehr oder weniger zufällig in beiden Städten residierenden Bürokraten reiben sich aneinander. Die Reise zueinander findet nicht statt – sie endet für beide Seiten da, wo sie begonnen hatte: in Amtsstuben und Konferenzsälen. »Brüssel« wird für deutsche Beamte und Politiker häufig zur bloßen Alibifunktion degradiert; »Bonn« ist für Kollegen aus der EG oftmals ein willkommener Anlaß, Frustrationen loszuwerden. Auch dieser Zusammenhang gilt umgekehrt.

Bonn und Brüssel als *Vorurteilssymbole,* als Anzeichen für absolute Wirklichkeitsferne, als Katalysator für psychische Störungen?

Nein – das haben beide Städte nicht verdient. Das haben nicht einmal diejenigen Büro-, Euro- und Technokraten verdient, die wie obenstehend verfahren. Vielleicht versuchen wir alle einmal, in Brüssel und Bonn sowie zwischen beiden Städten über Aktenberge und Terminstreß hinauszuleben. Und wenn wir auch in Bonn auf internationales Kabelfernsehen oder liberale Ladenschlußzeiten ebenso lange warten müssen wie die Brüsseler auf eine weltstädtische Konzertszene oder das Siebengebirge: gerade außerhalb der zu »europäischen« Zwecken errichteten Gebäude, ohne die zu »europäischer« Arbeit Berufenen kann man am Rhein und an der Senne immer noch zum Europäer werden. Lohnt das nicht den Versuch – »zwischen Brüssel und Bonn«?

Bonn – Köln

Christian Steinbüchel

Wenn ein Kölner von Geburt und Neigung und im entsprechenden Alter etwas über die Entwicklung der Beziehungen von Köln zu Bonn sagen soll, so ist bei ihm hinsichtlich der jetzigen Bundeshauptstadt primär der Eindruck haften geblieben, den auf ihn als jungen Studenten Ende der dreißiger Jahre das Glanzstück dieses Gemeinwesens, der Hofgarten und die Koblenzer Straße, gemacht haben: eine wirklich *kleinstädtische Idylle,* die auch nicht durch die Vielzahl der damals noch »zahmen« Studenten gestört werden konnte; – echte studentische Auswüchse gab es wohl nur im Sinne des altbekannten »Maulkorbs«.
Ruhender Pol, wenn auch nicht sichtbar, so doch vorhanden, waren die Pensionäre, die der Stadt eine fast gleichbleibende Ruhe gewährleisteten.
Abgrundtief verschieden von diesem Bild bot sich Bonn im Jahre 1949. Nicht daß sich diese Stadt in ihrem außeren Bild wesentlich von anderen westdeutschen Städten in dieser Zeit unterschieden hätte. Es herrschte aber damals bereits eine gewisse Hektik, die nicht zuletzt von den Baracken am Rheinufer ausging, die man den Journalisten angeboten hatte, um ihre Tätigkeit überhaupt ausüben zu können. Hinzu kam, daß diese Stadt, deren Verwaltungsspitze ein Arzt – Dr. Langendörfer – innehatte, in einer Weise expandierte, die für den Beobachter aus der benachbarten Großstadt mehr als erschreckend war. Dies wurde nicht so sehr dadurch hervorgerufen, daß in einem fast atemberaubenden Tempo und in einer Weise, für die allerdings der Begriff *»Goldgräber-Euphorie«* nicht ganz paßt, Regierungs-, Verwaltungsgebäude und Wohnungen errichtet wurden, sondern daß alles dies nur ein »Provisorium« sein sollte. Die Ausbreitung der Stadt in die damals noch selbständigen und geruhsamen Dörfer und auf den Venusberg war so rasant und damit so wenig überschaubar, daß die bange Frage gestellt wurde, was wird

Bonn mit all diesen – alsdann möglicherweise leerstehenden – Gebäuden tun, wenn die Bundesregierung wirklich nach Berlin gehen sollte. Und allen Beteiligten war nicht recht wohl dabei; nicht nur die Kölner meinten bei diesem Gedanken, diese Überlegungen müßten dazu führen, daß die Verantwortlichen doch »kalte Füße« bekommen sollten. Nur ein Mitglied der Bundespressekonferenz widersprach diesen Überlegungen, nämlich der Bild-Resident Stampfel. Für ihn als Sudetendeutschen galt der Spruch, daß der Russe dort nicht mehr weggeht, wohin er einmal den Fuß gesetzt hat.

Kleinstwohnungen

Symptomatisch war für jene Zeit, daß den Neu-Bonnern zunächst nur – nach heutigen Begriffen – Kleinstwohnungen zur Verfügung gestellt werden konnten, in denen sich gleichwohl 50 und mehr Leute zu einer Party zusammenfanden und die Einrichtung im wesentlichen »Jaffa« war.
Wenn die rheinische Metropole zu dieser Zeit auch erst im Aufbau war, so war ihr doch diese fieberhafte Ausweitung der Kleinstadt Bonn suspekt und konnte nur als bemitleidenswert angesehen werden. Und dorthin wollte ein engagierter Rechtsreferendar, der in der Praxis des Chronisten seine Ausbildungszeit verbracht hatte, seine Tätigkeit verlegen. Selbst beschwörende Worte über die unsichere Zukunft dieses provisorischen Regierungssitzes, der sich alsbald wieder auflösen könnte, waren nicht geeignet, den Azubi – damals sagte man noch Lehrling – zu belehren; die tiefe Sorge des Lehrherrn ließ den Jünger Justitiae kalt; er ging nach Bonn.
Jener »Lehrling« – zwischenzeitlich etabliert und der Bonner Szene wie kaum jemand verbunden – erbat sich Anfang der siebziger Jahre von seinem ehemaligen Lehrherrn erneut Rat: Sollte er im beruflichen Aufstieg nach Köln, seiner Vater- und Wohnstadt, zurückkehren? Beschwörend mußte Letzterer auf seinen ihm längst entwachsenen Jünger einreden, nicht wegen schnöden höheren Mammons diese inzwischen einmalig interessante Atmosphäre der Bundeshauptstadt zu verlassen – von »vorläu-

fig« oder »provisorisch« war ohnehin seit langem nicht mehr die Rede. Ein politisch interessanterer Platz als Bonn war einfach in der Bundesrepublik nicht auszumachen. Diese Agglomeration, nur für vorübergehenden Gebrauch errichtet, hatte sich von Jahr zu Jahr mehr als ein Gemeinwesen gefestigt und nötigte selbst Köln Respekt ab. Diese unwahrscheinliche Entwicklung einer Stadt konnte selbstverständlich auf das nachbarschaftliche Verhältnis zu dem alten Köln, dem es an entsprechenden politischen Dimensionen fehlte, nicht ohne Auswirkung bleiben. Begierig sind alle politisch interessierten Kölner auf jede Nachricht, die sie aus Bonn glauben aus erster Hand erhalten zu könne. Je mehr Stories, je detaillierter, um so besser. Journalisten, Politiker, Verbandsfunktionäre etc. seien diesbezüglich gewarnt, wenn sie sich beispielsweise in Köln in ärztliche Behandlung begeben.

Aus provisorischem Parvenu: Politische Potenz

Es handelt sich aber nicht nur um Städte und deren Beziehungen zueinander, sondern auch um die Bedeutung von Buchstaben. Wurde zunächst im Verhältnis von Köln zu Bonn »PP« als Abkürzung für Provisiorium und Parvenu gebraucht, so haben diese Buchstaben – und darin liegt schließlich auch eine der Realität entsprechende Anerkennung – eine völlig andere Bedeutung erlangt, nämlich »Politische Potenz«.

Bonn – London

Rolf Breitenstein

In London beispielsweise geht man zu luncheon sessions, etwa ins Chatham House, das Königliche Institut für Internationale Angelegenheiten, auf ein, zwei Gläser Wein, eine Suppe, ein paar Sandwiches, man begrüßt alte Freunde, lernt neue Menschen kennen, hört einem kurzen Vortrag zu, stellt eine Frage, alles kurz, to the point, aber nicht hektisch, geht bald, weil die Mittagspause für die meisten Menschen zeitlich begrenzt ist, sitzt dann wieder am eigenen Schreibtisch, ohne Völlegefühl, ohne Brummschädel, aber doch häufig in der Überzeugung, zwei anregende Mittagsstunden verbracht zu haben.
Kopf und Magen sind im Gleichgewicht.
So fühlt man sich auch häufig nach einer Sitzung des »Bonner Gesprächskreises«. In einer Stadt, in der viele Menschen von panierten Schnitzeln und klischierten Wörtern leben müssen, ist das etwas Erfreuliches, etwas Einmaliges, kurzum: B. B. – die »Bonner Balance«.
Übrigens: Das Niveau der Unterhaltung liegt im »Bonner Gesprächskreis« meistens über dem Niveau von Speisen und Getränken (Standardspruch des Kellners: »Es gibt Bier, Wein oder Saft«.) Der Bier-Bon ist natürlich für den Kaffee; und wenn nicht, dann nicht, weil die Qualität der Gastronomie plötzlich hochgeschnellt wäre.
Gleichgewichtszustände sind nicht leicht herzustellen und durchzuhalten. Die Bonner Politik hat es – mehr oder weniger – seit drei Jahrzehnten geschafft, der »Bonner Gesprächskreis« seit anderthalb Jahrzehnten.
Damit können wir uns sehen lassen – und je länger, desto besser.

Bonn – Paris

(Lob den Damen)

Jean-Michel Bing

Wie schön, ein Loblied auf Damen singen zu dürfen! Angesichts der großen Anzahl männlicher Autoren dieses Bandes, bei nur wenigen Autorinnen, schien es mir ein Gebot der Gerechtigkeit: Beglückt über die Weisheit des gesprächskreislichen Redaktionskomitees setzte ich mich griffelergreifender Weise an den Schreibtisch.

Sogleich kam mir ein Tischgespräch mit der Gattin eines nach Bonn beförderten französischen Diplomaten in den Sinn, einer Rechsanwältin und nicht unansehnlich. Wie es der Anstand erheischt, stellte ich die rituelle Frage, wie ihr es denn in der Bundeshauptstadt gefiele. Sie markierte Enttäuschung, käme gerade aus einem Land, in dem die Frauen im Mittelpunkt des Interesses stünden, gefeiert und verehrt. In Deutschland sei nichts dergleichen zu bemerken und speziell in Bonn spielten *die Frauen überhaupt keine gesellschaftliche Rolle.*

Ich gab mich erstaunt, verwies auf eine Spitzenposition im Bundestag – keinerlei Reaktion. Eindringlicher werdend empfahl ich den Besuch größerer Städte: in Düsseldorf, zum Beispiel, bei Stahlbossen und Waschmittelfabrikanten käme sie gewiß auf ihre Kosten. Ich erntete jedoch nur ein mattes Lächeln. Wortlos stocherte jeder in seiner Coquille Saint-Jacques. Da brach es plötzlich aus ihr hervor wie aus einem Vulkan: man lebe hier in einer abscheulichen Männergesellschaft, in der sie nur als Anhängsel ihres Gemahls betrachtet werde. Als ob sie nur zu dessen Zierde existiere: die Frau als Statussymbol der Herren der Schöpfung.

So ein Symbölchen würde mir nicht mißfallen. Ich fand die Idee eher anregend – und schon sinnierte ich über den von Soziologen festgestellten *Trend zur Zweitfrau* insbesondere bei Politikern in unserer Konsumgesellschaft; da ertappte der Gedankenflug meiner Partnerin den meinen und holte ihn auf den Pfad der Tugend zurück. Die Epoche der Paschas sei endgültig vorüber, tat sie nachdrücklichst kund, indem sie jede Silbe mit der Gabel skandierte, das *Zeitalter der Gleichberechtigung von Mann und Frau* habe begonnen. Dem Streit abhold, enthielt ich mich der Replik, doch öffnete ich fortan die Augen.

So vermochte ich rasch zu erkennen, daß die Sache mit der Gleichberechtigung in der Bundesrepublik meist graue Theorie ist. Die Unsicherheit der Zeitläufe kommen dem Familienleben zugute und stärken indirekt die *väterliche Autorität.* Zwar trägt auch die Frau Hosen, doch haben sie sich im Laufe der Jahre so stark abgetragen, daß von ihnen keine Kraft mehr ausgeht. Auch wenn die Ehefrau oder ihr Ersatz zum Unterhalt des Haushalts beiträgt: das Sagen hat in Deutschland der Mann. Dabei ist es so angenehm, wenn die Frau von sich aus tut, was der Mann will. Um dies unbemerkt zu erreichen, bedarf es allerdings einer längeren, vorzugsweise ehelichen Erfahrung.

Bei den Franzosen ist es anders. Sie leben schon seit Jahrhunderten im *Zeichen des Matriarchats.* Ludwig XIV. behauptete wohl, er sei der Staat, doch Staat machten seine Mätressen besser. Damals war es nicht anders als heute: die Frau herrscht mit Umsicht und Charme, der Mann ist als Prinzgemahl wohl gelitten. Das schwache Geschlecht ist nicht nur nicht so schwach wie es das starke gerne hätte, sondern seine Schwäche ist auch in stetem Abnehmen begriffen.

Es genügt den Damen nicht mehr, nur über ihre Familie zu herrschen, sondern sie dringen auch in die ureigenste Domäne des Mannes ein, das Büro, das ausschließlich zu dessen Schutze gedacht ward, nicht, wie Spötter meinen, um der Ruhe zu pflegen (obwohl sich die Mediziner einig sind: der Büroschlaf ist der gesündeste), sondern, um mit dem erforderlichen Tiefgang über die Probleme seiner Zeit nachzudenken, und diese sind nun einmal nicht einfach: dazu braucht es Zeit. Die Damen, die erst in den letzten Jahren – nach den Mai-Ereignissen von 1968 – in die Tempel der Entscheidungen eindrangen, kümmert das wenig. Weil sie praktisch und nicht spekulativ veranlagt sind wie die Männer, behaupten sie gerne, letztere wollten sich nur um ihre häuslichen Pflichten drücken, wenn sie vorgäben, Überstunden zu machen. Sie zögen das Zeitungslesen dem Kartoffelschälen

vor und hätten nicht einmal den Mut, den Kindern bei den Hausaufgaben zu helfen, weil sie Angst hätten, dabei ihr Gesicht zu verlieren. Das Wort »Feigling« sei in diesem Zusammenhang schon einmal gefallen.
Wie dem auch sei, es steht fest, daß die Damen unruhige Zeiten dazu benutzt haben, sich in Hoch- und Höchstschulen einzuschleichen, dort die Professoren, Lektoren, Direktoren und Assistenten zu bezirzen, um sodann mittels ihrer spitzen Ellenbogen Spitzenstellungen zu besetzen.
So kommt es, daß sie jetzt auch in der Politik von sich reden machen. *Sechs weibliche Minister* zählt bereits die jetzige Regierung. Der erste Präsident des ersten direkt gewählten Europa-Parlaments war eine Dame. Ich habe ihr dieser Tage zugehört, wie sie erfahrenen Journalisten Lektionen erteilte. Eine mit allen Wassern – nicht nur Gesichtswassern – gewaschene Dame stand ihren Mann, als sie für den Rundfunk ausgefragt wurde.
Jüngsten Geheiminformationen zufolge ist in Paris das Zentrum der Macht, der Elysée-Palast fest in weiblicher Hand; die Herren der Schöpfung stellen zahlenmäßig nur noch eine Minderheit dar. Der Präsident ist zwar noch ein Mann, doch wie lange noch? Beim ersten Wahlgang im vergangenen Jahr hatte er bereits drei weibliche Konkurrentinnen. Bald werden wir so weit sein, so daß die französischen Männer um ihre Gleichberechtigung kämpfen müssen. Wollen die Herren der Schöpfung weiter herr – schen und sich nicht damit begnügen, Männ – chen zu machen, so werden sie um ihre Gleichberechtigung kämpfen müssen. Ihre Hüte haben sich die modebewußten Frauen bereits angeeignet. In Paris tragen sie den Cowboy- und den Tirolerhut; auch der Borsolino und der Hut der kanadischen Polizei gilt als chic. Neulich entdeckte ich in einem Café gar zwei junge Wesen, die blonden Locken eingefangen von einer Art Prinz-Heinrich Mütze. Mit meinem Presse-Ausweis bewaffnet, auf daß sie nicht auf schlechte Gedanken kämen, sprach ich sie an? »Nein, einen Prince Henri kennen wir nicht«. Ihre Kopfbedeckung? »Vornehm, nicht wahr, Monsieur?« meinte die Keckere, firmiere unter dem Namen »casquette à la Brando«, ob ich die Adresse wünsche? Ich verneinte.

Zum Schluß: es wäre natürlich eine schändliche Unterlassung, den Punkt *Macht als Aphoridisiakum* nicht abzuhaken. Kein Problem: denn ob Washington, Paris oder Bonn – in diesem Punkt gibt es wohl kaum einen Unterschied. Und die »ballets roses« der Minderjährigen unserer IV. Republik haben bereits oder werden in allen Capitalen in irgendeiner Variation oder Position wiederkommen.
Immerhin: es gibt in Paris eben nichts, was es nicht gibt; selbst ein Loblied auf Damen, von einem Mann gesungen im Land des ewigen Matriarchats.

Bonn E 6 – Moskau

Adolf-Peter Koof

Gäbe es die Europäische Gemeinschaft nicht, die *Sowjetunion müßte sie erfinden!* Denn wer sonst als ein starkes – d. h. einiges – Europa kann mit Aussicht auf Erfolg die USA drängen, im Ost-West-Konflikt nichts zu überdrehen? Daß die Sowjets diese Funktion der EG nicht sehen und weiterhin Angst vor ihr zeigen, muß damit zu tun haben, daß ihr Blick vor lauter »Afghanistan« und »Polen« nicht mehr bis Bonn, Brüssel, Paris und London reicht, sondern nur noch bis Washington. Es könnte natürlich auch sein, daß die Russen gar keine Angst haben: weder vor den USA noch vor der EG …

Bonn – Radio Eriwan

Heinz Friedrich Schulz

Frage:
Brauchen wir in Bonn eine *Bundeskunsthalle?*
Antwort:
Im Prinzip ja; aber eigentlich sollte man gerade in Bonn bescheiden sein und sich mit der Henry-Moore-Plastik vor dem Bundeskanzleramt begnügen.

Frage:
Halten Sie die Ehrung eines namhaften Politikers durch die Bezeichnung *»Langer Eugen«* für gerechtfertigt?
Antwort:
Im Prinzip ja; aber das Abgeordneten-Hochhaus hätte höher sein müssen, und noch ein bißchen kantiger!

Frage:
Billigen Sie die – im Zuge der Wiedergutmachung – geplante Verlegung der Landesvertretung Bayern auf die von bayerischen Truppen zerstörte Godesburg?
Antwort:
Im Prinzip ja; der *Bierkeller* müßte im Winter aber in der Schlegelstraße in Bonn bleiben.

Frage:
Wie stehen Sie zum *Neuen Stadthaus?* Ein häßlicher Fremdkörper im alten Bonn oder ein Wahrzeichen der modernen Stadt?
Antwort:
Im Prinzip ja.

Frage:
Ist das »Bonner Loch« am Hauptbahnhof für den Verkehr dort von Vorteil?
Antwort:
Im Prinzip ja; aber das Loch im Stadtsäckel ist größer und auch nicht vorteilhaft.

Frage:
Sollte man den Bonner »General-Anzeiger« als Pflichtlektüre für die Generalität im Verteidigungsministerium empfehlen?
Antwort:
Im Prinzip ja; nur muß man wegen der vielen Karnevalsnachrichten aus Bonn auch an den einfachen Mann denken.

Abschied von Bonn

Leif Sjöström

Die schönste Erinnerung an Bonn ist die der *Bonner Nähe,* der *Kürze der Distanzen,* und dies nicht nur im geographischen Sinne. Der tägliche Umgang mit deutschen Stellen war von einer Offenheit, einer Kollegialität über die Förmlichkeiten hinweg geprägt, die ich Kollegen aller Art nur wünschen kann. Ich habe oft gesagt, daß es manchmal leichter ist, rechtzeitig den richtigen Bescheid von meinen Freunden z. B. im Bundeswirtschaftsministerium zu bekommen als von meinen eigenen Heimatbehörden, und das stimmt: manchmal ist dies als Argument auch hilfreich gewesen, um Dinge auch zu Hause in Bewegung zu bringen.

Offenheit

Das Erlebnis, bei der *Verkürzung »künstlicher Distanzen«* mitwirken zu können, war auch im Umgang mit den Vertretern der deutschen Wirtschaft, sowohl mit dem Deutschen Industrie- und Handelstag, wie auch mit einzelnen Unternehmen und anderen Organisationen sehr erfrischend.
Derselbe *offene Geist* hat auch im Umgang mit meinen Diplomatenkollegen, z. B. im Club der Wirtschafts- und Handelsräte, vorgeherrscht, und das finde ich besonders schön: da setzen sich Chinesen und Russen, Südafrikaner und Sambier und sogar Schweden und Norweger ganz einfach in guter Kollegialität zusammen ...

Verkanntes, Verschmähtes ...

Es gibt also viel Schönes in Bonn und mit Bonn, aber manchmal fragt man sich, ob man eigentlich in der Stadt gelebt hat, worüber die Medien so oft berichten. Ich meine, diese Stadt wird oft verkannt, verschmäht, verleumdet. Was heißt das, wenn kluge Kommentatoren dauernd über »Bonner Parkett«, »Bonner

Bühne« und »Bonner Theater« sprechen? Als ob ganz *Bonn ein unwirklicher Zirkus* wäre, mit dem Bundespräsidenten als eine Art Oberintendant und dem Bundskanzler als Anführer einer Akrobaten- oder Gauklertruppe!
Gewiß: manches wird hier zur Schau gestellt, und viele spielen hier Rollen, die gelegentlich umbesetzt werden müssen. Aber hier leben und wirken in der Tat Menschen, und sie tun es dazu noch gut. Wenn schon eine *Metapher für Bonn,* dann eher die eines *Gartens:* Bonn ist nämlich eine schöne, grüne Anlage – und es wird dort fleißig gearbeitet, z. T. sogar direkt geackert. Ich habe, glaube ich, nirgends so viele fleißige Menschen gesehen, die rund um die Uhr so viel leisten, mehr oder weniger angemessen belohnt. Die Blüten sind vielleicht nicht immer so schön, aber sie kommen sicher und immer wieder.

Rückblenden

Meine Bonner Freunde baten mich, meine Erfahrungen in Epigrammen zu artikulieren. Ich folge gerne ihrem Wunsch:

Rheinaufwärts weilt nicht mehr der *Altkanzler A* – dafür ist der *Altkanzler B* voll da
Stadtväter und Abgeordnete sind in die Höhe geschossen – dafür ist der Kanzler am Boden geblieben
Die Apos und Spontis sind in die *Amtsstuben* gezogen – dafür zieht es den Abgeordneten auf die *grüne* Wiese
Bonner Theater ist jetzt im Winter fein und teuer – dafür im Sommer deftig und frei
Gewiß hat sich manches bei Bund und Bürgern gewandelt – dafür ist *Bonn doch Bonn geblieben*
Und das ist *gut so.*

Bonner Aufblicke

Kultur oder was bleibt?

Neu-Bonner Architektur: Visualisierte Technokratie

Alfons Neuhaus

Die »junge Dame« namens »Hauptstadt Bonn« mit einer traditionsreichen, vom ländlichen Charakter geprägten Vergangenheit tut sich nach wie vor schwer, den Geist und Esprit zu finden, die einer Hauptstadt entsprechen.
Und so sind die vielen Bauten, die man sich *bemühte* zu errichten, nicht dazu angetan, der »jungen Dame« bewundernde Komplimente zu übermitteln.
Der Leser möge mir nachsehen, daß ich bei einem so ernsthaften Thema wie die Architektur die Neigung zur Poesie nicht unterdrücken kann. *Poesie* = Bildreich, Ausdruck – Phantasie.
Eines ist gewiß: *Phantasie* ist ein wesentliches Moment und untrennbar mit *Poesie* verbunden: Architektur ist ohne Phantasie nicht denkbar.
Einen phantasievollen Menschen überkommt bei einer Wanderung durch Bonn kein Glücksgefühl. Er wird vielmehr darüber nachdenken, warum er diese Empfindungen missen muß. Seine Phantasie gestattet es ihm, in die Vergangenheit zurückzugehen: Bonn, Beethoven, Universität, Rheinland, Römer, Dörfer, Stadt, und plötzlich – durch Umstände der Weltgeschichte – wird Bonn eine Hauptstdt.
Eine Stadt – und erst recht eine Hauptstadt – wird von Menschen bewohnt, die leben, arbeiten, empfinden. Empfindungen werden *auch von Erfahrungen* geprägt. Welche Erfahrungen als Hauptstadt hat Bonn?
Architektur als das visuelle Moment einer Evolution wird letztlich auch von den Empfindungen gespeist und mit Phantasie gewürzt. Wird es den Architekten nicht besonders schwer gemacht, diese Gedanken macht sich der Phantasievolle bei der Wanderung durch Bonn, unter den Bonner Gegebenheiten den notwendigen Spielraum zu finden und auszufüllen, den eine Hauptstadt erfordert? Oder ist der Architekt in einem solchen

Falle auch nur ein machtloser Mensch? Oder hat der Architekt besondere Verpflichtungen an Ästhetik, Phantasie, Kunst?

Die *Kasernen* als Behausungen für Ministerien sind sicherlich eine zwangsläufige Entwicklung, die sich Stein um Stein aufgebaut hat. In der Landschaft haben Kasernen niemals etwas anderes erzeugt als einen Kontrast mit negativem Vorzeichen. Sie sind existent, sie werden benutzt, sie sind nicht schön und verleiden dem phantasievollen Wanderer durch Bonn den Ausblick.

Um so mehr versetzt es einen in Erstaunen, daß in Bonn ein *Rathaus* steht, das dazu geeignet ist, dem Bürger und Besucher dieser Stadt ein ungutes Gefühl abzuverlangen. Bei allem Verständnis für funktionale Zusammenhänge und Abläufe bleibt ein Unbehagen bei Bürger und Besucher haften. Er fragt sich: blieb hier die Phantasie nicht aus dem Spiel?

Den Kaufleuten kann man da schon eher bescheinigen, daß sie aufgrund ihres Metiers oftmals die Phantasie mehr ins Spiel bringen. Es liegt vielleicht daran, daß sie in einem viel höheren Maße darauf angewiesen sind, Erfolg zu haben. Denn haben sie keinen Erfolg, wird es in der Regel für sie bitter.

Vielleicht erklärt sich daraus, daß ein Haus – wie das Allianz-Gebäude – einen angenehmen Lichtblick –, selbst ohne Sonnenschein, in die Bonner Architektur darstellt.

Dagegen steht das Bundeskanzleramt.

Allein das Wort schon macht Schwierigkeiten in der Aussprache.

Nicht allein wegen seiner kubischen Form und dunklen Farbgebung in der Gestaltung fällt es der Sonne schwer, hier einen Lichtblick herauszuzaubern.

Und wieviel schwieriger ist doch das Problem der Architektur + Gestaltung.

Mit dem Existenten müssen wir wohl leben.

Der Wanderer durch Bonn stellt sich bei einem Verweilen und Betrachten die Frage, ob hier nicht die Phantasie ausgetrickst wurde.

Waren es die Bürokraten? Waren es die Technokraten? Waren es die Architekten?

Ein *Mies van der Rohe* hätte hier sicherlich seine Bedenken angemeldet.
Ich will hier nicht die Worte unseres Bundeskanzlers Helmut Schmidt zitieren beim Einzug in das neue Kanzleramt. Auch die Bemühungen, mit Werken von Künstlern den Schattenseiten der Architektur freundliche Akzente zu vermitteln, können nicht darüber hinwegtäuschen, daß diese Architektur nach wie vor Technokratie visualisiert.
Ein guter Freund sagte mir einmal während einer Diskussion beim Anblick des Kanzleramtes kämen ihm immer wieder Gedanken an das Innen- sprich Polizeiministerium einer südamerikanischen Militärregierung.
Der Weg führt weiter in Richtung Godesberg.
An einen Ausspruch von Dr. Clemens Holzhauer erinnere ich mich: »Das erste Anliegen unserer Zeit muß es sein, die Menschen des Industriezeitalters zu tieferer Einsicht, zu einem Begreifen der Zusammenhänge zu führen.«
Der Wanderer, der auch den Weg von Bonn nach Godesberg beschreitet, wird von der Phantasie beflügelt, erinnert sich dieses zitierten Ausspruchs und betrachtet dabei die tektonischen Gebilde der dort angesiedelten ministeriellen Bauten.
Obwohl er dem Beton nicht abhold ist – Beton ist formbar und somit bieten sich Möglichkeiten der Gestaltung – fällt ihm auf, daß die Treppenhäuser dominierend sind und zur Flucht einladen.
Zurückgekehrt zu den Ufern des Rheins, an die Stelle, wo einmal das neue Regierungsviertel entstehen soll. Hier verweilt unser Wanderer.
In seiner Phantasie entstehen Bilder.
Er erinnert sich der zu Papier gebrachten Version, von denen viel gesprochen, um die viel diskutiert und verhandelt wurde.
Er denkt an die interessanten Chancen und Möglichkeiten. Er hat die Hoffnung, daß diese Möglichkeiten nicht vertan werden und sieht einen Lichtblick der Bonner Architektur.

»Kunstszenen«: Ansätze und Initiativen

Walter Schmitz

Verfasser inszenierte für Bonn eine erfolgreiche Uraufführung: Vorstellung im Rahmen einer Kunstausstellung

Bonn hat immer noch seine *Kreise,* die – nach Art der Olympischen Ringe – sich nur in *kleinen Segmenten überschneiden:* Universität, Politik, Ministerialbürokratie, Lobby, Diplomatie und, bei alledem nicht zu vergessen, die »alten« Bonner.
Die Maler, Graphiker und Bildhauer haben es nicht leicht, mit Bonn ins Gespräch zu kommen. Selbst wenn die »Party-Routine« sich zur Zustimmung oder Ablehnung aufschwingt, was immer ein Erfolg ist – spielt sich dies meist im *Zirkel* ab. Nicht immer stehen der Künstler und sein Werk im Mittelpunkt des Kreises, in dem sich alles bewegt.
Wie allerorten sind Vernissagen gesellschaftliche Ereignisse: Am Anfang steht die »Einladungsliste«. Jeder Kreis hat seinen eigenen Verteiler. Inzwischen aber werden die »Einladungslisten« großzügig ausgetauscht: ein interessiertes Publikum beginnt sich zu finden – die Kreise rücken zusammen.

Weder große Mäzene noch Museumsmassen

Bonn hat *keine großen Mäzene,* aber *viele Einzelinitiativen;* die Auseinandersetzung mit der Kunst wächst organisch und wird nicht aufgepfropft.
Die Bundeshauptstadt zieht keine Museumsmassen an; sie ist weder schulebildend noch gibt sie Impulse wie etwa München, Berlin, Hamburg oder auch die Nachbarstädte Köln und Düsseldorf. Jedoch: in kaum einer Stadt finden sich so viele *Bürgerinitiativen* für die Kunst – vornehmlich für Malerei und Graphik.
Die *Bevollmächtigten* der Bundesländer stellen Künstler ihrer Region vor; *Abgeordnete* bieten den Künstlern ihres Wahlkreises Bonn als Schaufenster; *Botschafter* zeigen Werke aus ihren Ländern; *Gesellschaften* und *Vereinigungen* veranstalten Begegnungen mit Künstlern; Einzelne ergreifen die Initiative.
Wie im Kaleidoskop stellt sich diese bunte Fülle von Veranstal-

tungen dar, die häufig einen anderen Anlaß haben als den der Begegnung mit der Kunst. Diese »bundeshauptstädtischen« Anlässe bereichern die Szene, und bieten der Kunst manche Chance, die sie so nicht hätte.
Auch die andere, die offizielle und kommerzielle Seite des Engagements für die Kunst profitiert von diesen »Bürgerinitiativen«; es besteht eine fruchtbare Wechselbeziehung.
Kunsthäuser, Galerien und Künstlervereinigungen schießen nicht wie Pilze aus dem Boden; sie wachsen behutsam mit ihrem Publikum. Wer Galerien und Kunsthäuser besuchen möchte, findet in Bonn ein reiches Angebot, das bisweilen auch international beachtet wird.
Ihre Vernissagen und Veranstaltungen sind Kristallisationspunkte kultureller Begegnungen und führen gleichsam auf eine andere Ebene: Solche Ereignisse werden weniger mit dienstlichem Eifer und gesellschaftlichem Fleiß wie Termine abgehakt, sondern vielmehr mit konzentrierter Aufmerksamkeit wahrgenommen. Dieselben Menschen zeigen sich anders. Das *freundliche Mausgrau* der Empfänge weicht phantasievolleren Farben; man hört einführenden Reden mehr als sieben Minuten zu und widmet sich anschließend den Kunstwerken – selbstverständlich ohne dabei den geselligen Teil zu vernachlässigen.

Nicht für flüchtige Besucher

Die Bundeshauptstadt bietet also ein Spektrum, dessen Reize sich allerdings nicht dem flüchtigen Beobachter erschließen. Auf der »Durchreise« läßt sich hier selten ein künstlerisches Bildungserlebnis mitnehmen. Daher rühren manche Mißverständnisse. Es ist nicht schwer, in Bonn Zugang zu finden – man muß nur den Willen bekunden, »auf den Verteiler zu kommen«. Dann aber eröffnet sich gerade hier die Chance, nicht nur dabei zu sein, sondern auch mitzuwirken. Der Künstler braucht indessen nicht nur Publikum, sondern auch Presse.
Manche der großen, überregionalen Zeitungen halten sich reserviert – es sei denn, der Bundeskanzler präsentiert anerkannte Meister vor einem kleinen Kreis von Auserwählten oder die Dis-

kussion um die Bundeskunsthalle wird entfacht. Für einige gilt – noch – das Verdikt: Bonn ist Provinz. Der Chef-Feuilletonist einer überregionalen Zeitung wurde auf die erste vollständige Ausstellung eines bekannten Zyklus von HAP Grieshaber aufmerksam gemacht und ließ wissen: man könne dies nicht zur Kenntnis nehmen, weil es ein privat initiiertes und lokales Ereignis sei. Dies war vor fünf Jahren und würde auch dort heute differenzierter gesehen.

Die Bonner Zeitungen und Magazine der Bundeshauptstadt dagegen begleiten die vielen Ereignisse nicht nur mit wohlwollender Berichterstattung; sie geben Impulse, Ansporn und Korrektur zur Qualität. Wer ihre Feuilleton-Seiten aufmerksam liest, erfährt manches über die bildende Kunst in der Bundesrepublik Deutschland für die Bonn – hoffentlich – ein Forum der Begegnung zu werden beginnt.

Dennoch hält sich die Stadt, das »alte« Bonn, merkwürdig zurück. Ministerien, Bankfoyers, Privatwohnungen, Residenzen und Landesvertretungen dienen in erster Linie anderen Zwekken und sind nur Gelegenheitsforen für die Kunst. Manche Veranstalter weichen daher auf eine nahe gelegene Burg oder in einen Bahnhof aus.

Aber wo bleibt der Künstler? Wo findet er sein Atelier? Wo sind die Räume für experimentelle Begegnungen, für Ausstellungen mit Werkstattcharakter?

Während *»Diskussionswolken«* über das Für und Wider einer Bundeskunsthalle hin und her geschoben werden, verkommen Markthallen und Fabrikgebäude, die mit ihrem architektonisch verspielten Charme der Jahrhundertwende Werkstatt in diesem Sinne werden könnten. Aber auch hier gibt es hoffnungsvolle Ansätze und Initiativen. Die ersten Künstler haben ihre Ateliers in ausgedienten Markthallen bezogen: aber zwei »Werkstätten« sind zu wenig; doch Geräte des Sportvereins und der Stadtwerke haben ältere Rechte.

Bonn hat *Räume und könnte sie mit Kreativität* erfüllen. Die Hauptstadt braucht nicht auf Bundeszuschüsse für eine Halle und Spender für Museumsstücke zu warten.

Freiheitsräume ...

Die Bundeshauptstadt kann auch auf diesem Felde eine »Werkstatt für die Freiheit« sein. Auch – oder gerade – in der Demokratie spiegelt die *Kunst das Maß der Freiheit*. Dazu braucht der Künstler Freiheitsräume. Evelyn Weiss hat bei der Eröffnung einer privaten Ausstellung in Bonn den Weg gewiesen: »Wir alle können in mancherlei Hinsicht helfen, diese Freiheitsräume zu behüten, indem wir uns mit Künstlern und Kunstwerken beschäftigen, indem wir vor allem die Ziele und Motivationen der Künstler anerkennen und versuchen zu verstehen, uns klarzumachen, daß das ein ungeheurer Entschluß ist, ein Künstler zu werden ...«.
Die Bundeshauptstadt Bonn, vor allem ihre »Kreise« haben die Aufgabe erkannt und – so meine ich – die Chance ergriffen; die *»Stadt Bonn« sollte mitziehen.*

Theater für Bonn

Jean-Claude Riber

Theater für Bonn ist eine ebenso interessante wie schwierige Aufgabe. Aus dem »Theater der Stadt Bonn« und dem »Stadttheater Bad Godesberg« wurden zu Beginn der Spielzeit 1981/82 die »Bühnen der Stadt Bonn«.
Die Möglichkeiten dieses kommunalen Theaters wurden durch Mittel aus dem »Bonn-Vertrag« erweitert, so daß seine Aufführungen aufwendiger sein können als die eines vergleichbaren städtischen Theaters in einer mittleren bundesdeutschen Großstadt. Der Bonner Steuerzahler gibt für sein *Theater dabei nur etwa soviel wie der in Trier,* denn der Anteil des städtischen Geldes im gesamten Bonner Theateretat liegt bei circa 30 Prozent, der Hauptanteil sind Bundesgelder.
Theater für Bonn mit den drei Kunstgattungen Musiktheater, Schauspiel und Ballett in den drei Spielstätten, dem Großen Haus am Boeselagerhof, den Kammerspielen in Bad Godesberg und der Werkstattbühne muß sich natürlich an den besonderen Bedürfnissen der Bonner Theaterbesucher orientieren: das *Bonner Publikum* umfaßt einerseits die Politiker, Diplomaten und Beamten der Bundeshauptstadt und andererseits – und sie bilden sozusagen das Stammpublikum unseres Hauses – die Theaterinteressierten der Stadt, des Umlandes, aus der Eifel oder aus dem Bergischen Land.

Publikum: »hauptstädtisch« *und* »ganz normal«

Das Angebot der »Bühnen der Stadt Bonn« muß also einereits »hauptstädtisch« (die Anführungszeichen sind bewußt gesetzt) sein und andererseits ein »ganz normales« Publikum ansprechen.
Bonn hat als Hauptstadt einer der führenden Industrienationen auch nur eine *relativ junge Kulturgeschichte;* alles kulturell Prägende stammt aus der Zeit davor. Dies ist auch für das Theater von Belang.

Ich habe die Leitung der »Bühnen der Stadt Bonn« mit dem Auftrag übernommen, ein Theater zu machen, das sich mit dem anderer Hauptstädte vergleichen kann. Daß dies auch bei den größten Anstrengungen in allen Dimensionen der Theaterarbeit nur bedingt erreichbar ist, ist mir bewußt, aber Wege zu diesem Ziel zu suchen, ist eine doch sehr dankbare Aufgabe.
In der ersten Spielzeit unter meiner Generalintendanz arbeiteten z. B. Regisseure wie Luca Ronconi, Rudolf Noelte, Karl Paryla, Filippo Sanjust und Jerômé Savary in Bonn, und Schauspieldirektor Peter Eschberg und ich versuchen mit eigenen Inszenierungen zu dem neuen Profil des Bonner Theaters beizutragen.
Der *Stellenwert des Theaters* für eine Stadt definiert sich letztendlich aus dem Verhältnis zu seinem Publikum. Obwohl das Bonner Theater auch in den vergangenen Jahren nicht um Zuschauer bangen mußte, habe ich versucht, eine Möglichkeit für diejenigen zu schaffen, die noch nicht zu unseren regelmäßigen Besuchern gehören, zu uns zu kommen: für jede Vorstellung der »Bühnen der Stadt Bonn« gibt es ein festes Kartenkontingent, das in den freien Verkauf kommt. Damit kann aber nur ein sehr geringer Teil der Nachfrage derer befriedigt werden, die nicht »organisiert«, also durch Abonnement und Besucherorganisationen erfaßt ist.
Das Große Haus der Bonner Bühnen, das 1965 erbaut wurde, ist mit seinen knapp 900 Plätzen im Grunde viel zu klein für die Bedürfnisse dieser Stadt und dieser Region. Der Neubau eines Hauses mit etwa 1600 Plätzen, in dem mit Subventionsgeldern auch noch wirtschaftlicher, weil effektiver, umgegangen werden könnte, ist leider wieder zur Illusion geworden.
Das System der Subvention aus öffentlichen Mitteln ermöglicht den allgemeinen Zugang zu unserem Theater. Für Bonn ist besonders hervorzuheben, daß unsere Eintrittspreise unter denen der vergleichbaren Theater liegen. Bei Opernaufführungen gibt es auch bei der hervorragendsten Besetzung keine erhöhten Sonderpreise. Zudem werden in Bonn tatsächlich 8% der Eintrittskarten zum vollen Preis verkauft. Weitere 8% werden ermäßigt an Schüler und Studenten abgegeben, 23% gehen an

Abonnenten, ganze 54% unter erheblicher Preisreduzierung an die Besucherorganisationen. Dies bei einer Platzausnutzung von fast 100% im Musiktheater, im Schauspiel liegt sie etwas niedriger.

Aus der *Subvention resultiert künstlerische Freiheit,* die allerdings nicht durch eine Überbewertung der Einspielquote eingegrenzt werden darf. Vielleicht könnte – wie es in England erfolgreich praktiziert wird – die öffentliche Hand durch private Stiftungen oder ähnliches, ohne daß daraus Einfluß-Mäzenatentum im amerikanischen Sinne wird – entlastet werden. Dies würde allerdings ein Überdenken der gesamten wirtschaftlichen Seite des Theaterbetriebes bedingen. Der Einfachheit halber möchte ich Hanna Renate Laurien zitieren, die hier Vorschläge formuliert, die durchaus auch in anderen Parteien Zuspruch finden:

> »Gleichgültigkeit und Langeweile sollten jedoch nicht subventioniert werden. Das hängt aber wohl auch an der Form der Regiebetriebe, als welche die meisten unserer öffentlichen Theater geführt werden. *Die Kameralistik widerspricht künstlicher Mobilität.* Wird etwa das Einnahmesoll frühzeitig erreicht, können künstlerische Initiativen zu Ende der Spielzeit nur zu haushaltstechnischen Schwierigkeiten beitragen. Viel zu selten werden bei uns Theater als Kapitalgesellschaften, als GmbH oder AG geführt. Wenn dies nun aber nicht sogleich durchsetzbar erscheint, so müßte doch zumindst erreicht werden, daß Personal- und Sachkosten gegenseitig dekkungsfähig wären. Intendanten und mit ihnen engagierte Kulturpolitiker wissen, wie schwer es ist, solche Vermerke bei einzelnen Haushaltstiteln durchzusetzen. Die parlamentarische Meinung muß hier weitergebildet werden, daß sogar die beiden großen Blöcke Personal- und Sachausgaben in solche unternehmerische und künstlerische Gestaltungskraft anregende Deckungsfähigkeit gelangen sollten.«

Nur Theater läßt Zuschauer nicht allein

Wenn auch im Augenblick im Kulturbereich gespart werden muß, wird das Theater aber auf lange Frist auch wieder den ihm

gebührenden Stellenwert in den öffentlichen Haushalten bekommen. Die arbeitsteilige Gesellschaft mit ihrer immer größer werdenden *Freizeit braucht Kultur,* braucht Theater, denn nur Theater läßt den Zuschauer im Gegensatz zu den anderen Medien nicht allein und ist jeden Abend »live«.
Die Bühnen der Stadt Bonn haben einen Etat, der etwa mit dem der Theater von Karlsruhe und Mannheim vergleichbar ist. Vergleiche mit Berlin, Hamburg, München, Stuttgart und auch Köln sind mehr als unangemessen.

Auch in Bonn wurde und wird gespart: allein in der *laufenden* Spielzeit wurden aus dem Theateretat kurzfristig 800.000 DM gestrichen, was zu erheblichen Engpässen – vor allem im bühnentechnischen Bereich – geführt hat, die sich aber Dank des Einsatzes aller Betroffenen glücklicherweise für das Publikum kaum spürbar ausgewirkt haben, wenn man von einigen verspätet begonnenen Vorstellungen absieht.

Ausstattung und Solisten: quantité négligable

Der Hauptanteil der immer wieder erwähnten Theatermillionen ist auch in Bonn durch Personalausgaben gebunden, die nicht nur in den unmittelbar-künstlerischen Bereich fallen. Die immer wieder kritisierten Ausstattungskosten und Solisten-Gagen in allen Kunstgattungen machen nur einen geringen Anteil des Etats aus, der sich wie folgt gliedert:

Personal Musiktheater	15,0%
Personalkosten Orchester	12,0%
Chor	5,5%
Ballett	4,0%
Personalkosten Schauspiel	10,0%
Personalkosten Bühnenhandwerker	17,6%
bühnentechnisches Personal	7,1%
Theaterverwaltung und Hauspersonal	1,1%
Personal-Nebenkosten	10,4%
Ausstattung	4,1%
sonstige Sachausgaben	11,0%
Öffentlichkeitsarbeit	1,2%

Das Hauptproblem der Bühnen der Stadt Bonn ist natürlich die Verpflichtung, unter einem Dach im Großen Haus Schauspiel und Musiktheater zu den an Peter Eschberg und mich gestellten *qualitativen Ansprüchen* zu machen. Im Musiktheater muß zwangsläufig viel länger im voraus disponiert werden. Bei einer so engen Verflechtung, wie sie in Bonn gegeben ist, lassen sich aber organisatorische Schwierigkeiten nur in einem vertretbaren Rahmen halten, wenn auch eine weiträumige Planung im Bereich des Schauspiels erfolgt. Überdies sind die Bedingungen für die Probenmöglichkeiten und die Arbeit der technischen Abteilungen, die uns von der Kulturverwaltung bei unserem Amtsantritt in Aussicht gestellt wurden, noch im Stadium der Endplanung.

Trotzdem will ich hier den Verantwortlichen in Politik und Verwaltung danken, daß in dieser gerade für kulturelles Engagement so schwierigen Zeit in Bonn doch einiges möglich gemacht werden konnte. Dabei darf aber nicht übersehen werden, daß wir uns immer noch auf dem Wege dorthin befinden, wo unser Ziel, nämlich unter neuen, adäquateren Bedingungen Theater für Bonn zu machen, gesteckt ist.

Die Entwicklung im neustrukturierten Ballettbereich und die neu eingerichteten Liederabende geben Anlaß zu mehr als einem bloßen Zweckoptimismus. Das neue Bonner Ballett erfüllt – ohne mit einer optimalen Platzausnutzung zu argumentieren – eine nicht nur im engeren Bonner Raum starke Nachfrage nach klassischem Handlungsballett, ohne daß dabei mit den Produktionen der Werkstatt und in den Kammerspielen andere Aspekte des Tanztheaters zu kurz kommen.

Im Bereich des Schauspiels konnte das Bonner Publikum bisher schon an vielen neuen Ideen und Möglichkeiten interessiert werden. Bei den Kammerspielen konnten sicherlich neue Publikumskreise gewonnen werden, und in der Werkstatt wurde in unterschiedlichster Form nach neuen Wegen gesucht, die weiter zu verfolgen und auszubauen sich sicherlich lohnt.

Ziel: hauptstädtische Konkurrenzfähigkeit

Die neu eingerichtete *Kooperation* mit dem ehemaligen Bad Godesberger Stadttheater, das jetzt einerseits als Kammerspiele theoretisch zu den Bühnen der Stadt Bonn gehört, andererseits aber als GmbH eigenständigen Charakter hat, hat sich bisher nur als organisatorisch und finanziell sehr belastend erwiesen. Hier ist m. E. nicht der Weisheit letzter Schluß gefunden. An einer vollständigen Integration dieser Spielstätte in die Bühnen der Stadt Bonn kann allen Beteiligten eigentlich nur gelegen sein, damit auch finanziell und organisatorisch vertretbare Lösungen gefunden werden können. Nach Ablauf dieser ersten Spielzeit sollte dieses Modell, das sicherlich manche künstlerische Möglichkeiten verspricht, sehr genau auf seine tatsächliche Effizienz überprüft werden. Es geht mir dabei keinesfalls um eine Einschränkung von Qualität und Quantität des dort angebotenen Theaters, sondern um den sinnvollen und vor allem überschaubaren Umgang mit den in dieses Modell fließenden Mitteln aus dem Etat der Bühnen der Stadt Bonn.

Theater für Bonn unter den neugeschaffenen Bedingungen zu spielen und daher den anfangs genannten Anforderungen, vor allem der sogenannten hauptstädtischen Konkurrenzfähigkeit zu entsprechen, ist das Ziel, dem meine Mitarbeiter und ich hoffentlich in dieser ersten Spielzeit meiner Generalintendanz schon etwas nähergekommen sind. Ich hoffe, daß dieses Ziel nicht in visionärer Ferne bleibt und daß die Bundeshauptstadt sich aus dem Stadium einer »provisorischen Kulturmetropole« weiterentwickeln kann.

Bonn, die Deutschen und ihre Kultur

Oder: Sind wir ein Kulturstaat?

Barthold C. Witte

I.

In Bonn über die Deutschen und ihre Kultur nachzudenken begegnet verschiedenen Einwänden.

Erstens: Für Kultur sind nach dem Grundgesetz die *Länder zuständig*. Der Bund darf deshalb allenfalls deutsche Kultur ins Ausland bringen, nicht in seine eigene Hauptstadt. Darum haben wir hier immer noch keine Kunsthalle.

Zweitens: Viele meinen, Bonn bestehe aus eingesessenen Bürgern und zugezogenen Beamten und sei für *große Kultur außerdem zu klein*. Musik darf sein – wegen Beethoven –, neuerdings auch Oper – wegen Riber. Aber sonst? Bonn sei nicht Berlin, nicht einmal München, sondern nicht viel mehr als Hauptstadt, die eine Regierung, ein Parlament, Journalisten und viel Lobby hat, aber Kultur? Das ist ungerecht angesichts des großen kulturellen Angebots, doch die Stereotype vom kulturlosen Bonn lebt hartnäckig weiter.

Drittens: Daß die *Deutschen von Kultur* seien, hat schon Goethe bezweifelt, als er am 3. Mai 1827 zu Eckermann bemerkte: »Wir Deutschen sind von gestern. Wir haben zwar seit einem Jahrundert ganz tüchtig kultiviert; allein es können noch ein paar Jahrhunderte hingehen, ehe bei unseren Landsleuten so viel Geist und höhere Kultur eindringe und allgemein werde, daß sie gleich den Griechen der Schönheit huldigen.« Gut anderthalb Jahrhunderte später tun wir uns noch immer schwer mit der goethisch verstandenen Schönheit, von Böll bis Beuys.

Viertens: Ob es überhaupt *deutsche* Kultur gebe, darf auch bezweifelt werden. Als wir vor einigen Jahren bei den Vereinten

Nationen unser künstlerisches Eintrittsgeschenk abgaben, fiel uns nichts ein, was typisch deutsch gewesen wäre, weil wir weder eine Schwarzwälder Kuckucksuhr noch eine Breker-Statue schenken wollten, und so kam schließlich eine – übrigens sehr schöne – moderne Gestaltung eines größeren Raums heraus, die aber an jedem Ort der Welt hätte erdacht werden können. Bildende Kunst kennt eben heute kaum mehr nationale Grenzen und Unterschiede, auch nicht die Musik, am ehesten noch die Literatur wegen ihres Ausdrucksmittels, der Sprache.

Ich wag's aber doch, über Kultur, die Deutschen und Bonn zu denken und zu schreiben. Denn mein Beruf bringt es mit sich, daß ich unseren Staat, die Bundesrepublik Deutschland, weltweit als einen Kulturstaat darzustellen habe – einen Staat also, der sich nicht nur durch seine *stabilen Bundeskanzler,* seine *qualitätvollen Autos* und sein *leistungsfähiges Militär* ausgezeichnet, sondern auch dadurch, daß seine Bürger entgegen Goethe »höhere Kultur« besitzen. Besitzen sie wirklich?

II.

Der bei uns *landläufige Pessimismus,* der Kulturkritik für etwas Positives hält, und die Erfahrungen geplagter Eltern mit der Oberstufenreform legen ein glattes »Nein« nahe. Auch die Nobelpreis-Statistik sieht, etwa im Vergleich mit der Weimarer Republik, recht trübselig aus. Zwar bekamen schon vier Autoren deutscher Sprache nach dem zweiten Weltkrieg den Literaturpeis, nämlich Hermann Hesse, Nelly Sachs, Heinrich Böll und Elias Canetti, und Willy Brandts Friedenspreis ist nicht vergessen. Doch die Wissenschaft in Deutschland gibt wenig Nobelwürdiges her, nicht einmal die Wirtschaftswissenschaft – wo wir doch die Erfinder des Wirtschaftswunders sind! Goethe-Feiern gab es heuer im Ausland mehr als bei uns, und auf dem Broadway sah ich jüngst als einzigen deutschen Film die Geschichte der Christiane F. vom Bahnhof Zoo angepriesen.
Noch schlimmer: die junge Generation zwischen Frankfurt an der Oder und Frankfurt am Main, ja zwischen Ural und Atlan-

tik, scheint rettungslos der Rock-, Pop-, Krimi- und Wildwest-Kultur verfallen, die unsere Fernsehabende so erquicklich macht. Mein einundzwanzigjähriger Sohn diene als Exempel: er geht nicht zu Riber in die Bonner Oper, vielmehr zum Rock auf die Loreley. Was Heinrich Heine dazu sagen würde, ist mir freilich ungewiß, seitdem ich aus Lew Kopelews Heine-Biographie erfahren habe, daß der Dichter einem wilden Modetanz algerischer Herkunft namens Cancan durchaus und lebhaft zugetan war.

III.

Das *Lamento,* uns allen vertraut, ließe sich endlos fortsetzen. Unleugbar ist, nicht nur bei uns, eine Massenkultur entstanden, die nach den Bedingungen unseres audiovisuellen Zeitalters industriell produziert und verbreitet wird, sich entsprechend rasch verbraucht, sich daher ständig wiederholt und gleichwohl viele Menschen aller Intelligenzgrade stets von neuem fasziniert. Neu sind nicht so sehr ihre Ausdrucksformen – was dem Wertherjünger sein blau-gelbes Habit, sind dem Beatle-Fan die Jeans – als vielmehr die Schnelligkeit und Tiefe ihrer Verbreitung, selbst über Systemgrenzen hinweg: Zum ersten Mal in der Geschichte erleben breite Schichten in aller Welt gleichzeitig das Gleiche, übrigens auch in der Politik. Da ist nichts rückgängig zu machen und wenig zu beeinflussen, vielleicht einiges zu nutzen. Die Mediengenies Bernstein und Karajan, Pioniere der sogenannten E-Musik haben das begriffen.

Von *Nationalkultur* keine Rede, wohl von *nationaler Differenzierung* bis hin zum Rocksong im kölschen Platt. Die Leitsprache dieser Weltkultur bleibt natürlich die Weltsprache unseres Jahrhunderts, das Englische, so wie die Kulturmode des 18. Jahrhunderts sich auf französisch ausdrückte. In Deutschland mag das besonders auffällig sein, weil – so wiederum Goethe zu Eckermann – es in der deutschen Natur liegt, »alles Ausländische in seiner Art zu würdigen und sich fremder Eigentümlichkeit zu bequemen«. Aber in Rom, Paris, Madrid, Stockholm oder auch Berlin (Ost) und Warschau klingt es aus dem Radio und Fernseher kaum anders als in Bonn. Zumindest im Bereich der Massenkultur ist vom vielzitierten deutschen Sonderweg keine Rede mehr: Hier sind wir Europäer oder auch Amerikaner, hier wollen wir's sein!

IV.

Die Intensität, mit der sich der angelsächsische Kulturimport für den Alltag bei uns durchsetzte – und übrigens auch die seriöse Literatur von T.S. Eliot bis Hemingway –, ist allerdings schwer erklärbar ohne das *kulturelle Vakuum,* das Hitler und seine Mordgesellen 1945 hinterließen. Da kam vieles zusammen: die erzwungene Flucht eines großen Teils der geistigen Elite ab 1933, der Blutzoll in den Konzentrationslagern, auf den Schlachtfeldern und auf dem großen Treck nach Westen, schließlich die Betäubung derer, die überlebten. Als die Redaktion des »Merkur«im Jahre 1954 eine erste Bilanz der kulturellen Entwicklung seit der Katastrophe zog – nachzulesen in ihrem Sammelband »Deutscher Geist zwischen gestern und morgen« –, da war das Ergebnis bitter. »Die Bühne ohne Autor« heißt einer der Beiträge, »Die fehlende Generation« ein anderer. Die wichtigsten Romane jener Jahre schrieben Thomas Mann und Hermann Hesse, Emigranten beide. Heinrich Böll und Ingeborg Bachmann werden immerhin schon genannt, doch für die bildenden Künste konstatiert Hans Paeschke den Offenbarungseid, für die Intelligenz insgesamt Mangel an Begeisterung wie Empörung, ja Verstummen der Besten, im übrigen wachsenden Konformismus und Schweigen der Jugend.

Noch im Sonderheft 1961 der Zeitschrift »Magnum«, das erneut eine Bilanz der Bundesrepublik zog, konstatierte ein so kluger Beobachter wie Ulrich Gembardt, die Jugend halte nichts von großen Aufbrüchen, von Aufbegehren gegen die Alten, auch sie wolle, wie ihre Eltern, keine Experimente. Sechs Jahre später schon sprang der Funke der neuen Revolution, aus Amerika kommend, auch auf die Universitäten unseres Landes über.

Ich will hier weder an der Apo-Legende stricken (das können andere besser) noch gar behaupten, erst mit der Regierung

Brandt/Scheel habe der Geist wieder in der Bundesrepublik zu wehen begonnen.
Geistige, kulturelle Prozesse setzen früher und tiefer an, lange bevor sie im grellen Licht der Tagesereignisse von der veröffentlichten Meinung endlich notiert werden, auch wenn das meist nur im Feuilleton, »unterm Strich«, geschieht, also dort, wo die Intellektuellen ihre eigenen Ergüsse lesen.
Beispiel Literatur: Ich nannte Böll und Bachmann, und Günter Grass publizierte schon 1959 die »Blechtrommel«, die dann zwanzig Jahre später ein internationaler Filmerfolg wurde.
Beispiel Musik: Henze, Stockhausen und andere gewannen in den sechziger Jahren Profil über die Landesgrenzen hinaus. Im gleichen Jahrzehnt kam der Engländer John Cranko nach Stuttgart und schuf dort das deutsche Ballettwunder.
Beispiel Malerei: Schumacher, Nay, Meistermann erlebten schon im Anfang der fünfziger Jahre ihren Durchbruch zu neuartiger Gestaltung, erst später freilich internationale Anerkennung, die dagegen Beuys sehr rasch schon nach seinen ersten Auftritten ab 1962 erwarb.
Was sich so in den Fünfzigern vorbereitete und in den Sechzigern nach und nach sichtbar wurde, wurde im letzten Jahrzehnt volle Realität: die Rückkehr der kulturellen Schöpferkraft nach Deutschland. Auch in der DDR geschah übrigens Ähnliches, wenn auch immer nur in Ansätzen und immer wieder von der Doktrin der herrschenden Staatspartei verformt oder erstickt, am deutlichsten sichtbar in der Literatur, die deshalb immer wieder nach Westen emigrieren mußte, und in der Malerei.
Die *Aera der Betäubung,* des Schweigens, des Vakuums in Deutschland ist also zu Ende. Eine außerordentlich lebendige Kulturszene ist entstanden, keineswegs nur in den eben genannten Bereichen, auch im Film, mit großen und kleinen Ausstellungen aller Art, mit wachsenden Besucherzahlen in Museen und Konzerten, mit einem unübersehbaren und immer noch wachsenden Buchmarkt, dem jährlich zur Frankfurter Buchmesse der Zusammenbuch prophezeit wird, natürlich ohne daß er kommt.
Diese Kulturszene lebt von der typisch deutschen kommunalen

und föderalen Vielfalt. Sie wäre undenkbar ohne öffentliche Finanzierung durch Städte, Länder, Rundfunkanstalten, aber auch durch den Bund: der neue deutsche Film zum Beispiel wäre ohne Bonner Gelder nicht geworden, was er heute ist. Diese öffentliche Förderung hat ihre Schwächen; ich zitiere aus der »Frankfurter Heften« die Klage von Hermann Glaser, Kulturstadtrat zu Nürnberg:

»Den Ideenhimmel über sich, den kulturellen Imperativ in sich, hat es der Kulturverwalter in der Praxis nicht ganz leicht; er muß taktieren, finassieren, improvisieren, kaschieren können. – Immer in der Mitte bleiben (zum Beispiel Spielplanpluralismus). Dem Abendland (etwa bei den Ankäufen der Museen, auch wenn's einige Millionen kostet) geben, was dem Abendland gebührt. Festivals ermöglichen, damit der elitäre Klimbim reüssiert; Revolutionen in der Boutique verdinglichen, damit die Spitzen und Stützen der Gesellschaft dem Kritischen geneigter werden.

– Im Theater Arbeiter zählen; als Alibi für steigende Personalkosten; die Fetischisierung der Lohnabhängigen betreiben, solange es modisch ist. Den Interessenfraktionen gut Freund bleiben; zu den Sportlern sagen, daß Sport den Kern von Kultur ausmache: mens sana in corpore sano! Den Schulmeistern beteuern, daß man den Schuletat für den wichtigsten hält; vom Krankenhaus gar nicht zu sprechen.

– Nicht irritiert sein, wenn Gewerkschaften ihren (roten) Plüsch haben wollen, (›... ich bin empört, wie man unsere Klassiker in den Schmutz zieht ...‹); und Industrieverbände kulturellen Cocktail; (›... eigentlich faszinierend, wenn auch gewagt ...‹)

– In Bürgerversammlungen sich demütig zeigen; ein volkstümliches Wort zur rechten Zeit sprechen. Die verstiegenen Künstler, die Ofenrohre als Kunst ausgeben (zudem aus Blech), statt Ewigkeitswerte aus Marmor herauszumeißeln, nicht zu sehr verteidigen.

– In gehobener Festlichkeit von unseren Denkern und Dichtern sprechen; Provokationen antik oder in Teak verstecken, an den Sinn für Qualität appellieren; heile Welt fordern; aber das Unheile schon auch ein bißchen!«

V.

So schwer haben wir es in der *auswärtigen Kulturpolitik* natürlich nicht (und wenn doch, würde ich es diplomatisch verschweigen). Wir freuen uns erst einmal darüber, daß wir im Ausland einiges anzubieten haben, ja daß oft der Kulturexport sogar ohne staatliche Subvention gelingt. Wir können, wie man weiß, aber manchmal vergißt, draußen nur so viel und so gut (oder so schlecht) Kulturschöpfungen und Menschen, die Kultur machen, vorzeigen, wie zu Hause vorhanden ist.
Das war in den langen Jahren der Betäubung und des Schweigens mehr Vergangenes als Gegenwärtiges, Goethe inbegriffen. Vermittlung und Vergegenwärtigung des »Kulturerbes«, wie das die DDR nennt, war natürlich notwendig und bleibt auch heute richtig. Darum betritt bei jedem Staatsbesuch in Lateinamerika Alexander von Humboldt die Szene; deshalb haben wir letztes Jahr in New York mit großem Erfolg deutsche Malerei des 19. Jahrhunderts präsentiert; daher feiern wir in diesem Jahr weltweit Goethe, nächstes Jahr ebenso Luther und 1985 zum 300. Geburtstag von Bach und Händel das »Europäische Musikjahr«. Zu diesem Erbe gehört mittlerweile auch schon der deutsche malerische Expressionismus, der sich von Mexiko über Moskau und Delhi bis Peking in diesem Jahr wieder als Exportschlager bewährt.

Aber bei der Vermittlung des Erbes kann und darf es nicht bleiben, muß es auch nicht mehr. Beispiel Film: der »neue deutsche Film« von Kluge bis Schlöndorff ist aus den Filmwochen der Goethe-Institute und den Nebenkinos der großen Festivals in den letzten Jahren zur Preiswürdigkeit in Hollywood und Venedig geklettert und wird sich hoffentlich dort halten.

Beispiel Malerei: die deutschen »neuen Wilden« – Baselitz, Lüpertz und so weiter –, die wir vor Jahren auf der Biennale in Venedig und letztes Jahr auf einer umstrittenen Ausstellung in Paris vorstellten, sind jetzt der letzte Schrei in den Galerien von New York.
Beispiel Schauspiel: nicht nur die Berliner Schaubühne, aber sie vor allem könnten wir, wenn das Geld dafür reichte und die Ber-

liner sie so lange entbehren wollten, von New York bis Belgrad fortgesetzt auf Gastspielreise schicken. Ähnliches gilt für Pina Bauschs, Marcia Haydées und John Neumeiers Ballettschöpfungen und sowieso für die Opernproduktionen der großen Häuser zwischen Hamburg und München – wenn die nicht so teuer wären!

VI.

Ich will hier aber nicht über das Geld klagen – bekanntlich ist die auswärtige Kulturpolitik bisher einigermaßen unbeschädigt durch den Sparwinter gekommen –, vielmehr auf einige andere Problempunkte aufmerksam machen.

Erstens: es gibt *zu wenig privates Mäzenatentum;* selbst ein Ludwig macht noch keine Kulturlandschaft. Das hat, unter anderem, auch damit zu tun, daß die wissenschaftliche Forschung einseitig steuerlich privilegiert ist und daher die großen Industriestiftungen fast nur Forschungsförderung betreiben. Ich plädiere dafür, das bei der nächsten Steuerreform zu ändern!

Zweitens: es wird *immer schwerer, wertvolle Originale auf Reisen zu schicken,* um sie auszustellen. Während die Faszination der Originale zunehmend die Massen erfaßt – König Tutti läßt grüßen! –, weigern sich die Museen mehr und mehr, ihre schönen Stücke der Gefahren von Transport, Atemluft etc. auszusetzen. Auch deshalb brauchen wir eine kräftige Kunstförderung durch den Bund – sonst präsentiert eines Tages nur noch die DDR deutsche Kultur im Original, so wie sie es in den USA mit den Dresdner Sammlungen schaffte.

Drittens: *Kultur ist heute weniger unpolitisch denn je,* und das aus gutem Grund. Haben wir uns nicht beklagt, der Rückzug des deutschen Bürgertums in die unpolitische Pflege von Kultur und Wissenschaft sei eine der Hauptursachen für das Scheitern der Demokratie in Deutschland gewesen? Nun haben wir eine neue Kulturblüte, die das Politische nicht scheut, also auch nicht eine zuweilen herbe Kritik an bestehenden Zuständen. Wollen wir sie dem Ausland präsentieren, dann in ihrer ganzen Breite – Verfassungsfeindliches natürlich ausgenommen. Die Versuchung ist groß, das nach der Methode von *Sankt Proportius zu tun: zwei links, zwei rechts, eines fallenlassen* ... Davor indessen bewahre uns auch künftig die bewährte Liberalität von Regierung und Parlament zu Bonn!

VII.

Da ist es nun, das typisch deutsche Problem aller Probleme: das *Verhältnis von Politik und Kultur.* Wer Politik als wertfreies Handeln mißversteht und Kultur als Rückzugsraum für Innerlichkeit, der kann sich freilich nur ein Nichtverhältnis zwischen beiden vorstellen oder auch einen Dauerkonflikt. Das ist nicht meine Perspektive.
Für mich haben beide sehr viel miteinander zu tun.
Demokratische, liberale Politik ist nötig, damit die kulturelle Schöpferkraft den Freiraum erhält, den sie braucht, und öfter auch die Finanzen, die sie nicht weniger braucht.
Eine *freie, schöpferische Kultur* ist nötig, nicht nur damit sich unser Staat als eine liberale Demokratie nach innen und außen legitimieren kann, sondern viel mehr noch, damit Menschen glücklich werden können, ganz gleich ob als Produzenten oder als Konsumenten von Kultur. Manchmal ist sie auch nötig, damit wir lesen, hören und sehen, wo unser Nest schmutzig geworden ist, und damit wir etwas dagegen tun – notabene nicht gegen diejenigen, die auf den Schmutz mit Fingern zeigen und deshalb gern Nestbeschmutzer genannt werden, sondern natürlich gegen den Schmutz.

VIII.

Was wir also brauchen, ist eine *kulturelle Politik,* die Freiheit schafft und nutzt, und ebenso eine *politische Kultur,* die es für selbstverständlich hält, daß wir einander gesittet zuhören und friedlich antworten, auch wenn's mal weh tut oder schwer fällt. Auf neudeutsch heißt das die Bereitschaft und Fähigkeit zu Dialog und Toleranz.
Damit ist es im politischen Bonn noch immer nicht sehr weit her.

Statt zuzuhören, verläßt man den Plenarsaal, und kommt's zur Antwort, so ist sie ein Monolog. Da mag einer noch so gebildet sein und seinen Grass gelesen, ja sogar seinen Beuys bewundert haben – so lange es an dieser politischen Kultur des Dialogs und der Toleranz fehlt, so lange ist Bonn noch keine richtige Hauptstadt und die Bundesrepublik Deutschland noch kein richtiger Kulturstaat.

Ich weiß, ich weiß: *nur Bessermachen* gilt. Der Bonner Gesprächskreis versucht eben dies seit fünfzehn Jahren. Daß er dabei mit bescheidenen Mitteln und auf begrenztem Felde Erfolg hat, läßt immerhin hoffen. Und darum ist der ungewählte amtierende Vorstand des Gesprächskreises darin einig, daß wir *weitermachen,* getreu dem Motto Goethes:
»Was ist herrlicher als Gold? Das Licht.
Was ist erquicklicher als Licht? Das Gespräch«.

Bonner Rückblicke

Retrospektiven und Selbsterkenntnisse

Geleit zum Bonner Gesprächskreis

Carlo Schmid†

Demokratische Politik, ja Politik überhaupt, bedarf zu ihrer Kontinuität der *Begleitung durch die öffentliche Meinung*. Deren Komponenten bilden sich auf den verschiedenen gesellschaftlichen Ebenen. Politisch wirksam wird sie jedoch nur, wenn an den Zentren des politischen Geschehens jene, die sie registrieren und auslegen, in ständigem Gedankenaustausch stehen. Voraussetzung für dessen Lebendigkeit ist jedoch, daß er sich nicht auf Gespräche unter Fachleuten beschränkt, sondern vor allem auch *um die geistige Bewegung* kreist, die unserer Zeit das Gepräge gibt. Der Bonner Gesprächskreis hat sich um diese Dinge verdient gemacht.

Die Genesis des Bonner Gesprächskreises

Rudolf Toyka†

Der »Bonner Gesprächskreis« wurde Mitte 1967 durch Dr. Heinz Commer und mich ins Leben gerufen. Wir waren uns bis Anfang 1967 niemals begegnet, noch hatten wir bis dahin voneinander gehört. Im Jahr 1966 las ich zum ersten Mal seinen Namen – unter einer Leserzuschrift. Darin ritt er eine Attacke gegen die Bonner Ministerialbürokratie, besser gesagt: gegen ihre nach seiner Meinung (wie nach Meinung vieler) veraltete Organisationsform.

Durch die Initiative des damaligen Bundesinnenministers Lücke war es kurz zuvor zur Einführung des »Parlamentarischen Staatssekretärs« in den Bundesministerien gekommen. In seinem Leserbrief meinte Commer, nach diesem bedeutsamen Schritt sei nunmehr die Zeit gekommen zu einer umfassenden »Erneuerung der Ministerialbürokratie«. Nun war Dr. C. damals kein einsamer Rufer in der Wüste; namhafte Wissenschaftler und Verwaltungspraktiker hatten seit längerem eine breitere Diskussion über die Notwendigkeit entfacht, den Verwaltungs- und Regierungsstil in der Ministerialinstanz zu reformieren. Was indessen die Leserzuschrift Commer's auszeichnete, war zweierlei:

- der konkret zugespitzte Vorschlag, als Arbeitsinstrument für die zügige Verwirklichung der fälligen Reform Stabsabteilungen in den Bundesministerien einzurichten;
- die aus seiner Erfahrung im EG-Bereich dicht mit Fakten gespeiste, in der Diktion zugleich knappe und präzise Begründung seines Vorschlags.

Diese Anregung kam nicht nur meinen Vorstellungen entgegen – ich war im November 1966 zum Leiter einer Arbeitsgruppe »Rationalisierung und Modernisieurng in Verwaltung und Regierung« im Bundesministerium des Innern bestimmt worden –, sie wurde auch »höheren Ortes« gelesen. Ergebnis: Der Auftrag des damaligen Staatssekretärs im Bundesministerium des Innern Prof. Ernst an mich, »ich möge mich einmal mit diesem Herrn Commer« über seine Vorschläge und die Möglichkeiten einer Unterstützung des Ministeriums mit Erfahrungsmaterial unterhalten.

Wenige Tage später trafen wir uns im Bonner Presseclub zu einem ersten Gespräch. Dr. C., sichtlich bewegt von der schnellen Reaktion des zuständigen Bundesressorts, versprach nicht nur umfassende Unterstützung durch ihm zugängige Unterlagen. Wir kamen auch alsbald überein, den Versuch zu unternehmen, eine weitere Idee Dr. C.'s in die Tat umzusetzen: den Versuch, regelmäßig mittägliche Zusammenkünfte von Angehörigen der Bundesministerien, der Wirtschaftsverwaltungen und der ausländischen Missionen und der EG-Einrichtungen zu veranstalten; dazu sollten auch Vertreter der Presse eingeladen werden. Auch mit dieser Anregung rührte Dr. C. in einer »offenen Wunde«. Ich hatte als Leiter der erwähnten Arbeitsgruppe immer wieder feststellen müssen, daß die Kooperation in horizontaler Richtung, besonders zum Zwecke des Erfahrungsaustauschs, so gut wie unüblich war – dies entsprach eben nicht der gewohnten hierarchischen Arbeitsweise der Ministerialbürokratie.

Was uns also gemeinsam vorschwebte, war die Auflockerung und allmähliche Auflösung der Isolierungsschichten zwischen diesen Bereichen – durch das zwanglose Zusammensein beim Mittagessen, durch die sich dabei ergebenden Kontaktgespräche, durch das verbindende und stimulierende Medium eines Vortrags mit vorher angekündigter Thematik. Ein solcher Kreis bestand bislang in Bonn nicht. Bedeutete dies, daß er überflüssig – oder gar unerwünscht war? Oder hatte sich nur bisher kein Weg gezeigt, eine als vorhanden empfundene Lücke zu schließen?

Wir waren davon überzeugt, daß wir ein Experiment wagten; ein Experiment, das nur – wenn überhaupt – bei einem Minimum an Organisation, persönlicher Bindung und finanzieller Belastung gelingen konnte. Aus diesen Erwägungen

- verzichteten wir auf jegliche Rechtsform für unseren Kreis (der Vorstand ist kein »Vorstand« im Rechtssinn, die Teilnehmer unserer Veranstaltungen lassen sich nur als eine rechtlich nicht faßbare Mischform zwischen Mitgliedern und Besuchern kennzeichnen);

- erheben wir keine Beiträge und halten wir keine der im Vereinsleben üblichen, für den Bestand solcher Einrichtungen wichtigen Versammlungen ab;
- verzichten wir auf finanzielle Anforderungen, sondern bitten nur gelegentlich um »Spenden« zur teilweisen Deckung der Unkosten.

Auf diese Weise allerdings hätte unser Gesprächskreis nicht lange leben können. Wenn wir gleichwohl bis heute mit einer festen Grundlage rechnen dürfen, so verdanken wir dies dem Deutschen Industrie- und Handelstag (DIHT). Der DIHT gestattet, daß ein Mitarbeiter des Hauses, der dem Kreis angehört, mit Unterstützung seines Büros, die Funktion eines »Geschäftsführers« unseres Kreises wahrnimmt. Für diese großzügige Förderung schuldet der »Bonner Gesprächskreis« dem DIHT um so mehr Dank, als damit nicht die geringste Einflußnahme auf Programmgestaltung und Arbeitsweise des Kreises verbunden ist. Dieser Dank sei auch an dieser Stelle ausdrücklich ausgesprochen.

Nun – das Experiment ist gelungen. Denn der »Bonner Gesprächskreis« besteht nun immer noch, ohne Ermüdungserscheinungen zu zeigen. Wer immer zu ihm Zugang gefunden hat, möchte ihn – das ist uns oft genug versichert worden – nicht mehr missen. Die Bilanz der Persönlichkeiten, die im Laufe der Jahre zu uns gesprochen haben, ist eindrucksvoll. Und die Zahl derer, die – zum nicht geringen Teil seit vielen Jahren – unsere Veranstaltungen besuchen, spiegelt die Breitenwirkung des Kreises auf überzeugende Weise wider: Seit unserer ersten Veranstaltung im Bonner Presseclub am 7. Juli 1967, ist die Zahl der Herren und Damen, die unsere Zusammenkünfte zumindest mit einer gewissen Regelmäßigkeit besuchen, auf 350 Persönlichkeiten aus den erwähnten Bereichen angewachsen (wobei bemerkt werden muß, daß wir auch die Pensionäre weiterhin gern bei uns sehen).

Ein Ausblick auf die kommenden Jahre: Der »Bonner Gesprächskreis« möchte auch die nächsten Jahre erleben, mit unveränderter Zielsetzung, unangetastet in seinem Bestreben, demokratischen Meinungsäußerungen auf ausgewogene Weise ein Forum zu bieten. Diejenigen, die sich für den »Bonner Gesprächskreis« verantwortlich fühlen, werden in diesem Sinne weiterwirken.

Das Psychogramm des Gesprächskreises

Joachim Böttger

Ein Gesprächskreis, was ist das eigentlich? Leute, die ohnehin die meiste Zeit ihrer Tätigkeit mit Sprechen verbringen, finden sich zusammen, essen gemeinsam zu Mittag, hören einem Redner zu und sprechen anschließend selbst.

Lohnt sich der Aufwand? – an Arbeit, Zeit und Geld, der von allen aktiv oder passiv Beteiligten in irgendeiner Weise erbracht wird? Ist es mehr als ein aktives Nichtstun, das den Teilnehmern gleichwohl das elitäre Bewußtsein vermittelt, in einen Kommunikationsprozeß höherer Ordnung eingeschaltet zu sein?

Einer der Promotoren hatte seinen Eröffnungstoast zum ersten Gespräch mit den Worten Ben Gurions geschmückt: »Nur wer an Wunder glaubt, ist wahrhaft Realist.« Die Realität eines seit 15 Jahren bestehenden Gesprächskreises ist offensichtlich. War das ein Wunder? Kaum! Das Breitenstein'sche Kartoffeltheorem (nun sind die Kartoffeln da, nun werden sie auch gegessen) hat sich erneut bestätigt: »Nun ist der Gesprächskreis da, nun finden auch Gespräche statt.«

Der Mensch ist nun einmal ein geselliges Wesen, und Institutionen, die auf dieser Eigenart basieren, sind solange lebensfähig, wie die Maschinerie von einem Antriebselement, genannt Motivation, in Gang gehalten wird.

Motiviert sind sie alle: Der Vorstand, die Promotoren, die Redner und die Zuhörer.

Die Existenz eines Vorstandes – der wie bei manchen Banken und Versicherungen am Fuße des Briefbogens ausgedruckt ist – stellt zwar angesichts fehlender Satzung ein vereinsrechtliches Unikum dar. Sie hat aber den nicht zu unterschätzenden Vorteil, daß seine Mitglieder – je nach Zugehörigkeit zu den »gesellschaftlich relevanten Gruppen« – bei der Akquisition schwer erreichbarer Redner eine erfolgreiche Vermittlerrolle übernehmen. Sie werden hierfür mit dem »jus primae moderationis« belohnt. Dazu gehören auch rituelle Begrüßungs- und Dankesworte einschließlich der Überreichung des obligaten Buchgeschenks an den Redner.

Die Promotoren tragen die eigentliche Last der Organisation, von der Einladung über Themenabstimmung bis zur Lokalreservierung. Bei der Rednerauswahl müssen einige subtile Aspekte beachtet werden: Der Redner sollte entweder prominent oder gut – nach Möglichkeit beides – sein, und seine politische Färbung sollte dem bestehenden Proporz Rechnung tragen.

Die vorbereitende Werbung mit dem Ziel, eine möglichst große Teilnehmerzahl zu mobilisieren, ist ebenso wichtig wie die expost-Manöverkritik per Telefon. Finanzielle Opfer, die sie – unbeschadet der in unregelmäßigen Abständen diskret erhobenen Umlagen – noch erbringen, geben ihnen das erhebende Gefühl einer intellektuellen Entwicklungshilfe.

Die Redner finden ihre Motivation in ihrem Auftritt. Sie fühlen sich durch ein entsprechendes Angebot geschmeichelt und tun ihr Bestes. Sofern sie Externe sind, hat man ihnen ihre Mitwirkung unter Hinweis auf die informationspolitische Bedeutung des Gesprächskreises für den Bonner Raum attraktiv gemacht. Im übrigen hatte einer der prominentesten unter ihnen selbstironisch festgstellt, daß die Redner auch zugleich immer ihre besten Zuhörer sind. Der Vortragende behandelt Probleme, zu denen er aus Profession oder Liebhaberei eine besondere Affinität hat und für die er ein Interesse bei den Zuhörern voraussetzt. Er genießt zustimmendes Gemurmel, aufbrausendes Gelächter über wohlplazierte Gags (eigener oder fremder Machart) und den obligaten Schlußapplaus als Trommelwirbel der Fingerknöchel auf der Tischplatte, untermalt von dem Scheppern des noch nicht abgeräumten Geschirrs. Leider fehlt noch das auf Knopfdruck der Teilnehmer zu betätigende »Applau diometer« à la Hans Rosenthal, welches durch einen Sirenenton in Verbindung mit einer zweckentfremdeten Warnblinkleuchte die absolute »Spitze« signalisiert.

Die Motivation der Zuhörer ist vielschichtiger. Zunächst einmal handelt es sich um eine angenehme Unterbrechung des Arbeitsalltags. Sie können vor sich selbst und vor anderen den Aufbruch zur Veranstaltung mit einer plausiblen Begründung rechtfertigen: Interessantes Thema, wichtige Leute, Möglichkeit zu bilateralen Kontakten. Politiker oder sonstige herausragende Persönlichkeiten werden hautnah – gewissermaßen zum Anfassen – präsentiert. Das alles sind gute Gründe, die Arbeit an einer unergiebigen Vorlage zu unterbrechen oder eine langweilige Sitzung vorzeitig zu verlassen.

Da der Kreis in seiner Startphase etwas einseitig strukturiert war, kam den Promotoren der geniale Einfall, ihn zu arrondieren und zu internationalisieren. Diplomaten sind von Berufs wegen kontaktfreudig und informationsbedürftig. Ihre Präsenz bewirkt, daß die Gesamtzahl immer oberhalb einer kritischen Masse gehalten wird, ohne die – bekanntlich nicht nur in der Kernenergie – keine Reaktionen stattfinden. Darüber hinaus – und das ist nun wieder der psychologische Trick der Veranstalter – löst ihre Teilnahme u. a. die Erwartung der Redner aus, in einem Botschaftsbericht an die Metropolen gebührend erwähnt zu werden. Manche müssen allerdings schon gleich nach dem Vortrag wieder gehen, weil sie nicht den Eindruck erwecken wollen, daß sie über längere Zeit von ihrem Arbeitsplatz abkömmlich wären. Wer bleibt, diskutiert mit als Minderheit und versucht hierbei, es dem Redner an Originalität gleichzutun, oder reflektiert als schweigende Mehrheit. Auch wer nur zuhört, gehört dazu! Eine Kosten-Nutzenbetrachtung des Gesprächskreises schließt unterm Strich mit einem Plus. Alle haben bekommen, was sie erwartet hatten, vielleicht mit Ausnahme der Bedienung hinsichtlich der Trinkgelder.

Wie sagte doch Bert Brecht: »Reden über Angelegenheiten, die durch Reden nicht entschieden werden können, muß man sich abgewöhnen.« Hier irrt Brecht. Er hat den Bonner Gesprächskreis nicht gekannt!

Unsere Förderer

Wir danken folgenden Persönlichkeiten für die Förderung dieses Buches:

Sven Backlund
Roger Bär
Erich Baumann
Hans-Dietrich Behrendt
Jean-Michel Bing
Walter Bökel
Joachim Böttger
Wolfgang Bohne
Hans Jörg Budischin
Horst Dahlhaus
Hans Daniels
O. A. Denk
Hans Droeschel
Rolf Goldschmidt
Ralf Greshake
Evelyn Gruhlmann
J. Haniel
M. Hesse
C.F. von der Heyde
Hans Hinrichs
Manfred Horch
Klaus-Dieter von Horn
Hans Humbert
Ernst Kern
Albrecht v. Kienlin
M.E. Klee
Kurt Kleinschmidt
Ernst-Erwin Klug
Wener Kroog
Sigrid Kümmerlein
Benita Langen
Eduard Levedag
B. von Loeffelholz
Karl Meyer-Hentschel
Dieter Misch
D. Morgenstern
Alfons Neuhaus
M. Nonn
Rudolf Nonn
Johannes Ottinger
Doris Pean
Chr.-R. Philipp
Gisbert Poensgen
L.C. Reinkemeyer
Alfred Rollinger
Rosenmöller
Lu Rowlin
George Graf Széchenyi
H. Schleicher
Irmgard Schlothauer
Hans Schmidt-Dahlenburg
Hubert Schneider
Jürgen Scholl
Franz Schoser
Hans Schüssler
Heinz-Friedr. Schulz
Walter Spiegel
P.M. Strauch

Eberhard Strebel
Peter Tappert
Werner Tetzel
Rüdiger Thiele
Rolf Thieme
Lore Toyka
Herbert Treppe
Winfried Wachendorfer
J. Weber

Wir danken folgenden Banken, Unternehmen, Institutionen für die Förderung dieses Buches:

Ausstellungs- und Messe-Ausschuß der Deutschen Wirtschaft e. V., Köln
Bayerische Landesbank Girozentrale, München
Bayerische Vereinsbank AG, Filiale Bonn
Brown, Boverie & Cie. AG, Bonn
Commerzbank AG, Verbindungsbüro Bonn
Continental Büro Bonn
Daimler-Benz AG, Stuttgart-Untertürkheim
Deutsche Siedlungs- und Landesrentenbank, Bonn
Dresdner Bank, Köln
Hapag Lloyd, Bremen
Klöckner & Co., Direktionsbüro Bonn
Fried. Krupp GmbH, Büro Bonn
MTU München GmbH, München
PREUSSAG AG, Verbindungsstelle Bonn
Ruhrgas AG, Essen
Thyssen AG, Büro Bonn
VARIG-Brasiliens Fluglinie
Verband der Deutschen Schiffbauindustrie e. V., Hamburg
Verein Deutscher Maschinenbau-Anstalten e. V. VDMA, Frankfurt
Verein »Gemeinschaftswerbung der Volksbanken und Raiffeisenbanken«, Bonn
Otto Wolff Aktiengesellschaft, Köln

Unser Dank

Natürlich wissen wir: Organisation ist nicht alles, aber alles ist nichts ohne Organisation. Deshalb gilt unser aufrichtiger Dank den Damen, die bei der Betreuung unseres Kreises mehr als ihre berufliche Pflicht taten, nämlich sich mit engagierter Tatkraft der Vorbereitung und Durchführung unserer Veranstaltungen widmeten.

Im einzelnen danken wir aufrichtig:

Elisabeth Fandrich
Marianne Hartwich
Erika Heinrich
Ingrid Jakobi
Martina Katterfeld
Ruth Müller
Eva Plenis
Martina Saup
Monika Segschneider
Jutta Walzog-Grünwald
Camilla Weidenbach

Unsere Initiatoren

Unsere Gründungsmitglieder, Dr. Rudolf Toyka† und Dr. Heinz Commer, haben in den ersten Jahren auch die Geschäftsführung des Kreises besorgt. Danach waren folgende Herren als Initiatoren tätig:
S.E. Sven Backlund
Jean-Michel Bing
Dr. Heinz Commer
Dieter Erb
Dr. Hans Hinrichs
Dr. Klaus-Dieter von Horn
Dr. Thomas Jansen
Othmar Kalthoff
Joachim Kreplin
Botschafter Gisbert Poensgen
Dr. Barthold C. Witte

Die Redner des Bonner Gesprächskreises

Rüdiger Altmann
Hans Apel
Egon Bahr
Martin Bangemann
Rainer Barzel
Erich Baumann
Ernst Benda
Kurt Biedenkopf
Jean-Michel Bing
Werner Bivius
Jürgen Brandt
Willy Brandt
Rolf Breitenstein
Jean-Pierre Brunet
Heinz Commer
Hans Daniels
Hubert Deßloch
Horst Ehmke
Gerhard Eickhorn
Joseph Ertel
Anton von Euw
Katharina Focke
Peter Fuchs
Michael Gelzer
Gerhard Ernst Gründler
Karl-Heinz Haefke
Armin Halle
Hans Günther von Hase
Hans Haupt
Axel Herbst
Hans Humbert
Thomas Jansen
Ottmar Kalthoff
Ernst Kern
Josef Kölble
Werner Knopf
Lew Kopelew
Hans Koschnik
Joachim Kreplin
Manfred Lahnstein
Otto Graf Lambsdorff
Peter Ludwig
Jesse Lukomski
Erich Mende
Wolfgang-Joachim Mommsen
Kurt Müller
Karl-Heinz Narjes
Graf Xavier de Nazelle
Gisbert Poensgen
Karl Ravens
Helmut Rehker
Francois Seydoux
Werner Sigg
Erwin K. Scheuch
Karl Schlecht
Carlo Schmidt†
Franz Schoser
Josef Stingl
Walter Stössel
Günter Verheugen
Bernhard Vogel
Ernst Voigt
Ernst Wallrapp
Richard von Weizsäcker
Hans-Jürgen Wischnewski
Barthold C. Witte

Unsere Autoren

Sven Backlund
Botschafter des Königreichs Schweden, Bonn

Jean-Michel Bing
Botschaftsrat a. D., Publizist, 41 Avenue Le Nôtre, F-8222 Vaucresson bei Paris

Joachim Böttger
Min.-Dirig. Bundeswirtschaftsministerium Bonn, 5300 Bonn

Dr. Rolf Breitenstein
Diplomat, Schriftsteller, Autor u. a. »Das Kartoffel-Theorem«, »Die große Hoffnung«, »Die wirksame Rede«, alle Econ-Verlag, Düsseldorf-Wien
In Vorbereitung: »Märchen für Manager«, Wirtschaftsverlag Langen-Müller-Herbig, München

Klaus Broichhausen
FAZ – Bonn, Dahlmannstraße 24, 5300 Bonn 1
Autor u. a. von »Kaufherren und Konzerne im deutschen Norden«, Desch 1974, »Der Welt verbunden«, Seewald 1975, »Kniffe und Knigge der Lobby in Bonn«, Langen-Müller-Herbig, München 1982

Dr. Dr. Hans Jörg Budischin
Deutscher Industrie- und Handelstag, Adenauerallee 148, 5300 Bonn 1

Michael von Buttlar
BBC-Verbindungsbüro, Bonn

Dr. Heinz Commer

Deutscher Industrie- und Handelstag, Adenauerallee 148, 5300 Bonn 1

Autor u. a. von »Protokoll und Etikette«, Langen-Müller-Herbig, München, 1982 »Der Krieg im Betrieb« (Taschenbuch) München 1981

Hans Daniels

Oberbürgermeister von Bonn, Rathaus, 5300 Bonn 1

Petra Katharina Foermer

53 Bonn 3

Karl Garbe

Schriftsteller und Herausgeber, 5300 Bonn

Autor u. a. von »Knallkörper« (Seewald-Verlag), Herausgeber der Zeitschrift MdB

Lydia Grünther

Erkrath bei Düsseldorf

Dr. Armin Grünewald

Dr.sc.pol.Dipl.-Vw., 1957–1972 Redakteur der STUTTGARTER ZEITUNG, 1973–1980 Stellvertretender Sprecher der Bundesregierung. Seit 1981 Leiter der Abteilung Auslandshandelskammer im Deutschen Industrie- und Handelstag, Bonn.

Armin Halle

NATO-Inforamtionsdirektor, Brüssel, Talkmaster im WDR »Kölner Treff«, Dozent an der Journalistenschule in München und Zürich.

Autor u. a. »Die Geschichte der Panzer«

Dr. Helga Henselder-Barzel

Bundesverband des Deutschen Groß- und Außenhandels, Kaiser-Friedrich Straße, 5300 Bonn 1

Albrecht von Kienlin
Stellvertretendes Vorstandsmitglied der Metallgesellschaft, Frankfurt

Edith Kögl
Waldstraße 7, 5483 Bad Neuenahr

Afold-Peter Koof
Redakteur des EG-Magazins, Zitelmannstraße 22, 5300 Bonn 1

Manfred Lahnstein
Bundesminister der Finanzen, 5300 Bonn 1

Ingeborg Lenzen
Sachsenweg 5, 5300 Bonn 1

Ferdinand Graf v. Merveldt
Dir. MAN-Verbindungsbüro, Bonn

Dr. Dieter Misch
Geschäftsführer des Verbandes der Spiritousenindustrie, 5300 Bonn 1

Waldemar Mueller-Thuns
Min.Dirig. Bundesminister für Wirtschaft, 5300 Bonn

Alfons Neuhaus
Architekt, Wildenbruchstaße 116, 4000 Düsseldorf-Oberkassel
Autor von Publikationen über Messekonzeptionen und Planungen, vgl. FAZ-Serie »Mit Ideen zum Erfolg«, Societäts-Verlag, Frankfurt

Dr. Gerhard Rainer
Gesandter im Bundesministerium des Auswärtigen, Wien, Schützengasse

Prof. D. Carlo Schmid†
Bundestagsvizepräsident

D. Walter Schmitz
Dir., Bayerische Landesbank, Bonn

Jean Claude Riber
Generalintendant »Bühnen der Stadt Bonn«

Dr. Heinz Friedrich Schulz
Min.-Rat a. D., Publizist, 5330 Königswinter

Leif Sjöström
Botschafter des Königreiches Schweden in Luanda, in Bonn bis 1982, Präsident des Clubs der Wirtschafts- und Handelsräte

Dr. Christian Steinbüchel
Rechtsanwalt, Am Neumarkt 41, 5000 Köln 1

Dr. Rudolf v. Steiner-Haldenstätt
Direktor, Klöckner & Co., 5300 Bonn

Werner Tetzel
Direktor, AEG, Bonn

Dr. Rudolf Toyka†
Min.-Dir. a. D., Mitgründer des Bonner Gesprächskreises

Günter Verheugen
Generalsekretär der FDP, 5300 Bonn, Autor von »Eine Zukunft für Deutschland«, Grünwald-Verlag, München

Ingelore M. Winter
Schriftstellerin, Bonn, Autorin u. a. von »Bonn in Frack und Schärpe«, »Adenauer«, »Der Adel«, Molden, Wien–München–Zürich

Dr. Barthold C. Witte

Min.-Dirig. im Auswärtigen Amt Bonn, Autor u. a. von »Was ist das deutsche Vaterland?« und »Der preussische Tacitus«

Heinz Commer

Protokoll und Etikette für Wirtschaft und Verwaltung

Wirtschaftsverlag Langen-Müller/Herbig

Klaus Broichhausen

Knigge und Kniffe für die Lobby in BONN

Wirtschaftsverlag Langen-Müller/Herbig